パリの国連で夢を食う。

川内有緒

イースト・プレス

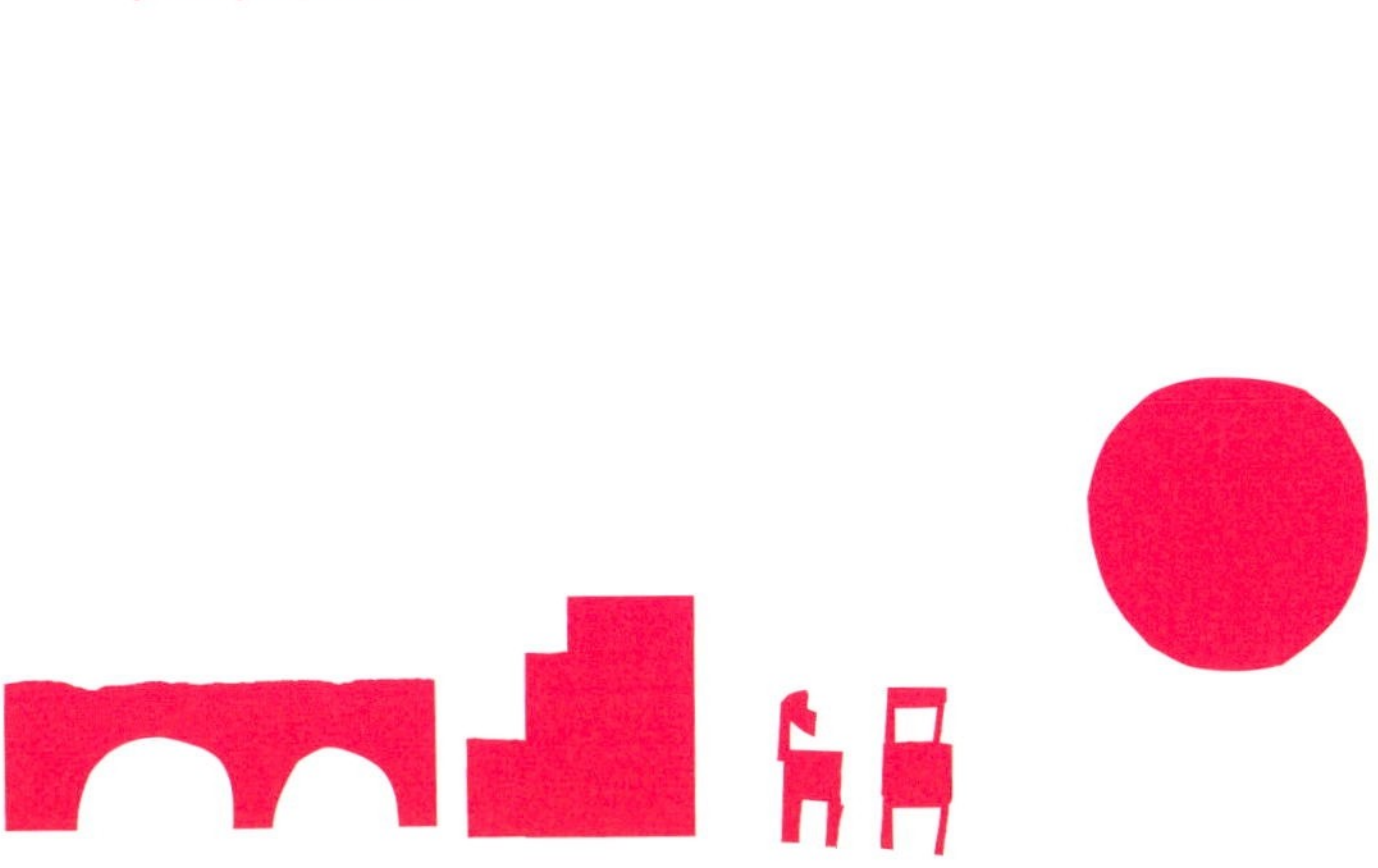

パリの国連で夢を食う。

まえがき

この本は、パリに住み、働いた五年半の実体験をもとにしています。

パリに住むきっかけとなったのは、ある国連機関に転職したことでした。だから最初は、単に仕事のために移り住むだけだと考えていました。

しかし、過ぎ去ってみればその五年半は、「楽しい思い出」や「いい経験」をはるかに超えた、人生の転換期となりました。

世界各国から来た野性味あふれる同僚たち。パリの街角に生きるぶっ飛んだアーティスト。異国で成功しようともがく凛とした日本人たち。そして、すべての人を大きく包み込む、パリという懐深い街。そんなクルクルと回る万華鏡のような日々の中で、いつしか自分の人生も予想がつかなかった方向に変わっていって——。

パリを去ってすでに数年が経ち、徐々に記憶も褪せる中で、あの頃のことを書きとめておきたいと思うようになりました。笑いに満ちて、でも少し苦しくて、奇妙で、がむしゃらで。夢を食っていたのか、夢に食われていたのかわからないような日々を。

本の半分以上は、国連機関での体験について書かれています。しかし、あくまでもこれは、一個人がある機関のある部署で見聞したことだけ。国連は、世界にまたがる巨大な行政機構で、多様なミッションのもとに多くの活動を行っています。そのため、この本の内容が国連全体に通じるわけではありません。また、守秘義務がある職務であったので、仕事内容の詳細までは描けていないこと、そして関係者や友人に迷惑がかからぬよう、一部の人物名や出身国は変更していることをご理解ください。

だからこの本は、将来国連を目指す人にとっては、あまり役に立つことはないでしょう。ただ、国連職員たちのおかしな日常ライフや、巨大組織ならではの舞台裏くらいは、垣間見られることと思います。

本の残りの半分弱は、パリの暮らしや国連の外で出会った個性的な人たちについてです。なるべく忠実に実際のできごとを描いたつもりですが、中には記憶違いもあるかもしれません。だからこの作品は、あくまで個人的な雑記として読んでもらえたらいいなと思います。

今となっては、パリで過ごした時間は、一瞬の午後のうたた寝のようにも感じます。『不思議の国のアリス』のエンディングで、眠りから目覚めたアリスが、「ああ、なんておかしな夢だったの」と言った時のように。

それでは、どうぞ。

パリの国連で夢を食う。 目次

第三章　パリの空だけが見えた　131

第四章　転がる石　205

第五章　不思議の国の魔法はとけて　281

序章　エッフェル塔は輝いて

いつもの夜に国連が

転機というのは、けっこう何げなくやってくるものらしい。

それは夜の十時頃に届いた一通のメールだった。場所は東京・大手町にある会社の大部屋。深夜残業の真っ最中で、コンビニのおにぎりをほお張りながら、「平素から大変お世話になっております」で始まるメールを書いていた。数人の同僚が同じようにパソコン画面をにらんでいる。

当時私は、リサーチやコンサルティングを行う専門職につく三十一歳。顧客の依頼で何かを調べ、報告書を書くのが主な仕事だ。なんとなくかっこよさげだが、仕事がノロいせいでいつも締め切りに追われていて、帰宅は毎日終電になる。だから、家の冷蔵庫で冷えているのはビールだけ。テレビも電子レンジもなく、ベッドとテーブルとサボテンだけの六畳一間の生活である。

この日も、いつも通りの夜だった。

ふう、疲れたな……。

やっても、やっても、終わらない。

報告書が一段落したところで、個人あてのメールをチェック。すると、一通の英語のメールが目についた。タイトルは「求人ポストへの応募について」。送り主のドメインは某国連機関である。

またスパムか。その頃、やたらと英語の迷惑メールが増えていて、毎日のように「オンラインで学位取得!」「特価! バイアグラ」といったメールをまとめて削除していた。Deleteキーを押そうとした瞬間に、いや待てよ、と頭の中で小さなベルがチリンと鳴った。

メールを開くと、「先日はご応募ありがとうございました。あなたは書類審査に通りました。これから面接プロセスに入りますので、ご都合を連絡ください」との文章。

あたかも本物の国連から来たような具体的な内容だ。なんとなく気になって、最後まで読んだ。そして、あれれ、と思った。

これって、本物なんじゃないの?

私は、どうやら国連の面接に呼ばれているらしい。ほんとに?

それにしても妙だ。何せ応募した記憶も、思い当たる節もない。応募もせずに面接に呼ばれるなんてことがあるのだろうか。うーん、やっぱりおかしい。

あ、でも……。

記憶の糸をたぐり寄せると、郵便局から、大きな封筒を郵送している自分の姿がよみがえってきた。そうだ、確かにそんなことがあった……。ええと、あの時たまたま転職したい気分でインターネットを見ていて、自分にも可能性のありそうなポジションを見つけたから、応募してみたんだった。出願書類の書き方はけっこう複雑だったっけ。

そうだ、あの時の話に違いない。しかし、あれはもう二年くらい前じゃないだろうか。その後なんの音沙汰もなかったのに、今さら面接とは何がどうなっているのだろう？「狐につままれた気分」という、活字でしか見なかった言葉が、頭に浮かんだ。

周りの同僚は私のパニックになどまったく気づかず、静かにパソコンのキーをタイプし続けている。もう一度よくメールを読むと、面接に必要な旅費や宿泊費は国連持ちだとあった。

「面接、受けます」

と急いで返事を送った。

すぐに相手からも返信があり、飛行機や宿泊手配に関する詳細が送られてきた。

上司に短い有給休暇を申請。「なんでこんな年度末に」という小言もおかまいなしに、二週間後に飛行機に乗った。

なんの変哲もない夜に届いた外国行きの切符。別に壮大なジョークでもかまわない。ここから抜け出して、遠くに行けるなら。

目的地は、フランスのパリだった。

引き揚げられた戦艦大和

パリ。花の都。世界中の人々を惹きつけてやまない憧れの地である。その中心地に、目指す国連機関の本部ビルはあるようだった。

それまで、パリになんてまるで興味のなかった私だが、マロニエの並木道が続く古い街並みを見て、「ららら ー」「わおー」と一人はしゃいでいた。

ほんとに、来ちゃった！

次々と現れる壮麗な橋や美術館の脇を通りながら、このままずっと散歩し続けられたらなあと思った。その足取りは、完全に観光客である。

ホテルの近くから地下鉄六番線に乗ると、それは高架を走る電車だった。古い建物の間をすり抜けながら、列車は空を飛ぶように進む。やがて急に目の前が開けて空ばかりになり、列車はセーヌ川を渡る橋に差しかかった。

その時、車窓に大きなエッフェル塔が劇的に現れた。

はっとして見ているうちに、再び列車は古い街並みに吸い込まれ、エッフェル塔は視界から消えた。まるで、一瞬の魔法にかかったみたいだった。そして、それは確かにパリという街が持つある種の魔法だったのだ。

正直、それまでパリに対してなんの興味もなかった。私の旅といえば南米やアジアの泥くさい場所と相場が決まっていた。だから、パリやフィレンツェが好き、と聞いても何が面白いのかさっぱりわからなかった。だが今は、この街の美しさに素直に感動していた。

面接への緊張は不思議なくらいなかった。想定問答はぼんやりと考えておいたものの、すべては結局雲をつかむような話なのだ。

地図を見ながら指定の住所にたどり着き、そびえ立つ建築物を前に再び、「わおー……」と呟いた。こりゃ、ぼろい！

その巨大ビルは第二次世界大戦後に建設された後はなんの修繕も施されていないようだった。ずらりと並ぶ窓の外に取りつけられたブラインドは鉛色に変色し、多くが折れ曲がったまま物悲しく風に揺れていた。非常階段の手すりには、茶色の錆が浮いている。表玄関のコンクリート造りのファザードは、大げさなばかりで寒々しい。その姿は、周囲のロマンチックな光景とはまるで異質で、さながら海から引き揚げられた戦艦大和みたいだった。

これが、国連かあ。

国連は財政不足だって聞くけど、本当らしいなと納得しながら、面接会場に急ぐ。

第一発目の質問は、神経質そうなメガネの男性からだった。

「なぜこの国連機関で働きたいと思ったのですか」

わ、困ったな。色々な質問を予想していたが、こればっかりは、一般的すぎて逆に後回しにしていた。フランス語ではなく、英語で聞かれたのだけが救いだ。フランス語なら質問されたかどうかもわからなかったことだろう。

なんで国連なのか。うーんと、二秒ほど考え込んだ。

理由は、まあまあ複雑、そしてあやふやなものだった。

もともと国連で働くことを思い浮かべたのは、大学生の頃だった。その頃は何も世の中について知らず、ただ無邪気に「海外で働くのってかっこよさそう」と感じていた。世界はとても広く、知らない国や仕事への好奇心でいっぱいだった。しかし私は、留学したこともなく、大学は国際問題とは無関係の日本大学芸術学部である。英語も話せないし、国際事情にも疎く、国連はテレビの向こう側の存在に過ぎなかった。

そこで、一念発起してアメリカの大学院に留学し、なんとか卒業。すぐに友人の紹介でワシントンDCにある小さなコンサルティング会社に就職した。そこでの経験が買われ、三年後には東京の大手シンクタンクに転職。とても忙しい会社で、よく海外出張に出た（その辺の詳しいことはまたのちほど）。その会社にいる間に、たまたまインターネットで見つけた国連の空きポストに応募してみたというわけだった。

国連ならば、きっと知らない場所にたくさん行けるだろう。世界中の人々と力を合わせる職場は楽しそうだ。そして、そのポジションの説明文にあった〝配属地未定〟というのにも惹かれた。ブラジルとかタイだったら最高だなあ。でも、言葉の面から言えばやっぱり南米だよね（数年間スペイン語を勉強していたから）、と想像だけは膨らみ続ける。

しかし、一ヶ月経っても、二ヶ月経っても、国連からはなんの音沙汰もない。私のほうも日々の激務にのみ込まれ、期待は急速にしぼみ、ついには応募していた事実さえも忘却し……そう、今に至るというわけだ。

でも、そんな本当のことを言ったら、採用されるわけがない。ええと、もっとそれらしいことを言わないと。

やっと出てきた言葉は、「人類共通のミッションに向かって、国境や人種の壁を越え、力を合わせて仕事がしてみたいからです！」というハリウッド映画のような台詞。なんて具体性がないんだ。アホか？

すると、優しい雰囲気をした中国系の面接官が、静かに言った。

「気持ちはわかりますが、国境や人種の壁を越えるのは実に難しいことなんですよ」

反論ではなく、むしろ諭すような口調だった。もう一人のアラブ系の面接官は憐憫のまなざしを向け、「君は、えーと、シンクタンク勤務か。たぶん今の仕事を辞めないほうがいいと思うなあ」とつけ足した。

どうも私は回答を間違えたようだった。なんと切り返すべきか迷っていると、当の質問をした面接官が首を横に振って、「もう、みんないいじゃないか。とにかく面接を続けよう」と、いくつかの質問を続けた。あとはリサーチに関する技術的な内容だったので、事務的にはきはきと回答した。面接官たちはメモをしていたが、リアクションは鈍く、熱や盛り上がりは感じなかった。

その瞬間、窓の外で何かがポッと光った。

巨大なエッフェル塔だった。夜になってイルミネーションが灯ったのだ。閃光のように眩しく光ったかと思うと、シャンパンの泡が砕けるように、細かくキラキラと瞬いた。あまりの美しさに、思わず質問に答えるのを忘れて見入った。このオフィスで働いている人は、毎日この煌めきを見ているのか。

その後もいくつか質問が続いて、面接は一時間半程度で終わった。わざわざパリまで来たというのに、けっこうあっけない。

最後に「あなたのほうから質問はありますか」と聞かれた。どうして二年も経ってから面接をしているんですかという野暮な疑問はのみ込んで、気になっていた勤務地のことを聞いた。

「ああ、パリだよ。ここだ。今私たちがいるこのフロアだ」

と面接官は事務的に答えた。そっか、やっぱりパリなのだ。

「結果はいつわかるんでしょうか」

「そうだな、早ければ三ヶ月以内、遅くとも半年以内には連絡する」

「えっ、そんなに時間がかかるんですか？」

こちらのリアクションにむしろ向こうが驚いているようだった。彼は、今後の選考や承認プロセスを説明したあと、シメの言葉として厳かにこう言った。

「ディス・イズ・ザ・ユナイテッド・ネーションズ（ここは国連なんです）」

応募から面接にかかった二年という月日。どうやらそれは、国連ではふつうのことだったのだ。違った意味でのグローバルなスケールに恐れをなした瞬間であった。


帰り道に夜の散歩をした。もう一度エッフェル塔が見たくなり、「地球の歩き方」を片手にシャン・ドゥ・マルスという公園を目指した。すぐに広々とした公園が見つかり、夜空に光り輝くエッフェル塔がすらりと浮かび上がった。公園には、犬を散歩させている数人がいるだけ。ベンチに座って、大きな塔にしばし見入った。自分の吐く息が白かった。

たぶん、もうここに来ることもないだろうな。

でもさ、こうしてエッフェル塔が見られただけでも、ラッキーだよね。

分厚い封筒

日本に戻ると年度末という嵐がやってきていた。忙しさは加速度的になり、相変わらず深夜残業と格闘しているうちに、もう春は目の前だった。国連からの連絡はやっぱりない。

しかし、あの面接がきっかけとなり、気づいてしまったことがあった。これ以上この職場にいることはできないということだ。いくら面白くてやりがいがある仕事だとしても、私はくたびれきっていた。友人と会う暇もないし、あんなに好きだった映画にさえ長い間行っていない。もう無理だ、という気持ちがこらえきれないほど大きくなり、年度末の仕事にメドがつくと、あまり後先考えずに退職届を上司に出した。三年間勤めた最後の日は、部署の人たちから大きな花束をもらって帰宅した。

翌日、自転車をこいで大きな公園に行った。桜が咲いていたので、ビールを買って一人でお花見をした。あー、すっきりした、という気分だった。

せっかくだし、しばらく休んでから仕事を探すことにした。すると、友人でカメラマンのアキラさんが「ヒマそうだね」と某航空会社の機内誌の編集長に紹介してくれた。あれよあれよという間に特集記事を書くことになり、五月にはシルクロード横断の旅に出かけた。

タクラマカン砂漠を西に進みながら、ウイグル人たちに話を聞き、日本に戻ってくると梅雨になっていた。私は、生まれて初めて「記事」らしきものを書いてみた。編集長はなかなか気に入ってくれたようで、夏日が差す頃には、メキシコ北部のチワワ渓谷に住むタラウマラ族を取材に行くことになった。ベストセラーの『BORN TO RUN　走るために生まれた　ウルトラランナー vs 人類最強の〝走る民族〟』(日本放送出版協会) で一躍有名になった「走る民族」である。

この二つの旅の間、私はこのうえなく幸福だった。アメリカの大学院にいた頃は、中南米地域の研究をしていて、中でも先住民族の文化について調べるのが大好きだった。そういう人間にとって、お金をもらって旅をして、土地の民族に話を聞くというのはもう夢のようである。その二つの仕事と貯金のおかげでしばらくは食いつなげたが、次の原稿依頼はなかった。そして、気づけば台所事情としてはかなりまずいぞ、という状況になっていた。

ああ、仕事を探さないと。しかし、まだ国連が残ってる、と思うとなんだか探す気が失せてしまう。私は思いきって面接官にメールを書いた。

「何か進展はありますか。実際のところ、どうなのでしょうか。別の仕事を見つけたほうがよければ、そう言って頂けませんか」

翌日届いたメールには、こう書かれていた。

「今調整中だが、あなたは最終候補になっている」

最終候補？　まだ何人かの間で争っているのだろうか？　それとも私に決まったという意味なのだろうか。喜ばしいニュースに違いないが、行間が読めず、余計にもやもやが深まる。もう少しだけ、待ってみよう。

そしてお盆が明けた頃、分厚い封筒が郵便受けに入っていた。表には国連のロゴマークの型押し。中からは雇用契約書や就業規則一式が出てきた。

——あ！　……採用されたんだ。

封筒から出した書類一式を、なぜかまた封筒の中にきちんと戻した。そして、しばらくしてからまた封筒から契約書を出し、ペンを探した。待ちに待っていたはずなのに、その時感じていたのは、想像していたような喜びや達成感ではなかった。それは、人生の舵を大きく切ろうとしているという静かな興奮と戸惑いだったように思う。

契約書にサインして投函した。

そして、マンションを引き払い、家財道具をパリに船便で送り、ビザを取得した。友人たちには、「よ、転職するたびに大陸を変える女！」とからかわれながら、何回も送別会を開いてもらった。

十月の終わり、パリ行きの飛行機に乗る私を、家族と友人が空港まで見送りにきてくれた。みんな、どことなく寂しそうだった。私は大学を卒業してから六年間もアメリカにいて、その後やっと日本に戻ったと思ったら、たったの三年で今度はパリに行くことになってしまった。

父は、「おまえ、一生フランスに行っちゃうつもりなのか、寂しいなあ」と子どものように繰り返した。

「まあ、なんか合格しちゃったから、人生修行のつもりで二年くらい行ってくるよ。どうせパリには興味もないし、すぐ戻ると思うよ」

と答えた。

とは言ったものの、実際のところ、この先何年間パリに住むことになるのか見当がつかない。これは留学でも転勤でもない。国際公務員としての転職なのだ。もしかしたら、国連とは一生涯のつき合いになるのかもしれなかった。

第一章　迷宮と穴蔵

スイート・ゴースト・ホーム

空港で荷物をピックアップし、東京から大切に持ってきた紙を、タクシードライバーに渡した。向かうのは、十一区のヴォルテール通り。最初の一ヶ月だけ住む予定のアパートだ。

転職が決まった当初は、「天下の国連！　海外赴任！　アパートくらい紹介してくれるだろう」と思っていた。しかし、そういうことはまるでなく、「住居は個人でアレンジするように」という指示があっただけである。すっかり困った私は、もう何年も会っていないニューヨーク在住のフランス人にメールで泣きついた。すると、「叔母が持っているアパートが一時的に空き部屋になってる」とのありがたい話の展開となった。

その友人の説明はこんな感じ。

「アパルトマンは広くてキュート。窓も大きいし、四十平米くらいあって、駅から近くて、周りになんでもあって最高」

どんな部屋なのだろうと想像しているうちにタクシーが止まったのは、一階に小さな商店が入居する建物の前だった。いかにもフランスらしいレリーフが建物中に施されている。

わあ、ここかあ、と胸がときめいた。

小さな玄関ドアから中に入ると、薄暗く、ほこりっぽい匂いがした。廊下には壊れたポストがずらっと並んでいる。中はけっこうボロいんだなあ。

廊下に入ってすぐの部屋をノックすると、中年の女性が細くドアを開けて「Ａｒｉｏ？」と聞く。

「そうです、私がアリオです!!!」

よかったわー、ウェルカム、と言いながら、女性は笑顔でドアを大きく開いた。

会えて本当に嬉しいです、と部屋の中に入ると、「ん？」と疑問符が浮かんだ。

そこは、妙なスペースだった。二十畳くらいの空間に、家具や生活道具は何もない。壁一面に棚が設置してあり、通りに面してガラスのドアとショーウインドーがある。そこからは、通りを行き交う人々がよく見えた。

これはどう見ても空き店舗で、「パリのキュートなアパルトマン」なはずがない。

ところが、どうだろう。叔母さんがこっちよ、と手招きする部屋の奥に向かうと、間仕切りの陰にコンロがひとつのミニキッチンと、シャワー、そしてトイレが手品のように現れた。その奥には簡易ベッドが置かれ、布団とシーツが用意されていた。その瞬間、ここが本当に例の「キュートなアパルトマン」なのだと理解した。窓が大きくて当然だろう、路面店なんだから。

「サ、サンキュー」

そう言うと、叔母さんが何か答えた（それが、「ジュ・ブ・ザンプリ（どういたしまして）」だとは当時の私にはわかるわけもない）。さらに叔母さんはショーウインドーのほうに向かい、リモコンのようなものを取り出した。

「ユウ・キャン・クローズ・ディス（ここは閉められるのよ）」

そう言ってリモコンのボタンを押すと、ガーッという巨大な機械音と共にシャッターが閉まった。とたんに部屋の中が暗くなり、叔母さんはまたガーッという音と共にシャッターを開けた。

なんなんだ、ここは。

叔母さんは凍りつく私を無視して、「グッドルーム？」と問いかけてきた。日本人の本領発揮で愛想笑いをすると、叔母さんは、鍵を渡して「ボン・ソワレー！（いい夜を！）」と、さあっと去っていった。

部屋に残された私は心細い気分になった。部屋といっても、椅子も、電話もテレビもテーブルもない。唯一くつろげそうな場所は簡易ベッドの上だが、真横が台所とトイレなので気分はすっかり独房である。だからといって、道路側のスペースでは、ガラスドアの向こうに激しく車や人が行き交っているので、まったく落ち着かない。こんな時こそシャッターを閉めるべきなのかもしれないが、そうすると箱の中に閉じ込められているようで、息が詰まる。詳しいことを聞かずに決めてしまった自分の責任とはいえ、はるばる花の都まで来て、こんなところに暮らすことになろうとは。

呆然としているともう夕方で、部屋の中は薄暗い。少しでも環境を整えようと、明日着るスーツをハンガーにかけ、物入れの中に引っかけた。ラジオがあったので、スイッチをつける。低く落ち着いたフランス語が聞こえてきた。

——知らない言葉。

低く歌うようなフランス語に耳を傾けているうちに、少し落ち着きを取り戻した。

そうだ、朝食のパンを買いにいこう！　駅までの道も確認しておいたほうがよさそう。遅くなる前に近所を歩いてみることにした。

そこはにぎやかなバスティーユ広場の近くだった。しかしパリ初心者の私にはそんなこともわからず、ただ人の流れに沿って歩き出した。無事にパン屋さんでバゲット（フランスパン）を買った後は、あてもなく歩いた。まるで旅している気分だったが、旅じゃないというのが不思議だった。

カフェでは、大勢の人々がワインやコーヒーを飲んでいた。そのとき、お腹がすいていることに気づいた。もう夕飯の時間なのだ。一瞬そのカフェに入ろうかと思ったが、ドアを開けることはためらわれた。誰もが店の常連さんに見えた。私はまだここの風景の一部になれない。そんな気がした。

通りを歩きながら、次々と現れるバーや商店に出入りする人々を眺めた。誰もが誰かと一緒だった。いやおうなしに、自分は一人だと思い知らされた。自分には、知っている場所もなく、電話する人もおらず、一緒にご飯を食べる人もいない。でも、それは寂しいというより、愉快な気分だった。

私は、ここからまた一人で出発するのだ。

赤いドレスの女と世界の同僚たち

翌朝、九時には人事課に来るように指示されていたので、念のため八時に家を出ることにした。

一歩外に出てみてびっくりした。八時だというのに夜中のように暗い。大勢の憂鬱そうな人々がコートの襟を立て、暗路をぞろぞろと歩いている。その光景はパリというよりテレビの中の旧ソビエト連邦みたいである。

東京のラッシュアワーほどではないが、それなりに混み合った地下鉄を乗り継ぐ。職場に到着する頃には、ようやくぼんやりとした太陽が照ってきた。ファザードをくぐり、戦艦大和の中へ。まだ実感はないけど、今日から、私は国連職員になるのだ。

ここで、国連って名前はよく聞くけれど、実際は何がどうなっているのかよくわからないという人のためにちょっとだけ解説したい。国連は、第二次世界大戦のあとに、「今度こそ平和な世界を作ろう！」という大号令の下、一九四五年にアメリカやソ連、中国などが中心となって設立された国際機関である。

国連といっても別にひとつの組織ではない。イメージとしては、日立や三菱などのグループ企業みたいな感じだ。よくテレビに映るニューヨークの国連本部はグループの元締めで、その傘下でユニセフ（国際児童基金）、世界食糧計画、ＩＡＥＡ（国際原子力機関）などの各国連機関が活動を行う。その内容は、食料の配布や、難民キャンプの設営、武器取引や核施設の監視、農業支援、国際航空、知的所有権の管理、世界遺産の採択など、実に幅が広い。そのすべての機関を総称して「国連ファミリー（UN Family）」と呼ぶこともある。

それぞれの国連機関には、別個の本部がある。スイスのジュネーブとニューヨークには多くの国連機関の本部が集まっていてひとつのコミュニティを形成している。あとはローマやナイロビ、パリ、ウィーンなどにもいくつかの機関の本部が散らばる。

国連に加盟する国は、分担金と呼ばれる会費のようなものを払う。それが、「通常予算」として計上され、世界の国連職員の給料や活動資金にあてられる。分担額は、国によって異なり、一位はアメリカで、二位は日本、三位以下は年によっても違うがドイツやイギリスなどである。

しかし、この通常予算だけでは心もとないので、国連機関によってはプロジェクトごとに別予算を各国政府から追加でつけてもらったり、ポストカードやグッズを売るなどの営業努力を行う（ユニセフのクリスマスカードを買ったことがある人もいるだろう）。そういった追加予算の大きさは、各機関の努力次第なので、実際の台所事情は組織ごとに違うようだ。ちなみに、私が入った機関は、文化や教育をミッションにした組織で、まあまあ貧乏な部類に入るらしかった。

＊

人事課、人事課……ってどこなんだろう。

古いビルは増築を重ねているのか、廊下は迷路のように曲がりくねっている。何度も人に尋ねてやっと地下の一部屋にたどり着く。そこでは、赤いサテンのセクシー系ドレスに真っ赤な口紅をつけた中年の白人女性が出迎えてくれた。日本では見慣れないタイプの登場である。

「国連ファミリーへようこそ！　じゃあ、まずは年金と福利厚生について説明します」

赤いドレスの女性は、ひとたび口を開けばきついアイルランドなまりで、頑張って集中しても、半分ほどしか理解できない。なんとかパズルのような情報の断片をつなぎ合わせてみて、私はほっとしていた。というのも、国連の給与体系や福利厚生の内容は、非常に複雑怪奇で、ここに来るまで自分の給料が実際にいくらになるかさっぱりわからなかったからだ。ベースになる給料は決まっているのだが、そこに各国の物価指数などが加味され、毎月のように調整される。だから、同じ職員でも勤務地が、パリとハノイではまったく変わってくる。

聞いてみると給料は、日本の会社員時代の三分の二くらいに減ってしまったが、逆に福利厚生の内容は、羽毛布団のごとく暖かいもののようだった。

有給休暇は年間三十日（土日を含めて六週間）。さらに病気の時や自分の信仰する宗教イベントの日や家族の緊急事態などの時も追加で休める（すごい！）。そして、二年に一度は国連のお金で祖国に里帰りもできる（ほんとに？）。着任から最初の五年間は家賃の一部を補填してくれる（わおー！）。さらに、二十五年勤めれば、死ぬまでかなりの額の年金がもらえる（やったー！）。そんな嬉しいニュースの中でも、妙な熱の入れ方で説明してくれたのは、税金控除のシステムだ。

「国連職員は、車、タバコや酒などの一部が無税で買えます」

そして、彼女は妙に改まった口調で「タバコカード」というピンク色のカードを差し出した。

「タバコは建物内の売店に行けば、免税になります。買う時は、これを必ず携帯してください。一度に免税で購入できるのは二カートン半まで」と使い方を説明した後、「このカードは再発行できないので、絶対に紛失しないように」と念を押された。

なんのこっちゃと思いながらカバンにしまった。世界の人たちを病から救おうと奮闘する一方で、職員に大量のタバコを吸わせる制度があるなんて、どこかおかしい。

最後に、はい、と言って渡されたのは鍵だった。そうだ、ここでは、個室を与えられるのだ。個室！　なんて魅力的な響きなのだろう。それまで小さな机だけが自分のスペースだった私には、まるでアメリカのドラマに出てくる重役にでもなった気分である。かっこいい～。

ただし、本当に個室が与えられるのは、管理職レベルの人々で、私のようなヒラ職員はひとつの部屋を二、三人でシェアするらしい。そうなると問題はオフィスメイトかもしれない。長い時間を一緒に過ごすことになるその人が、超ネガティブだったり、逆に思いっきりハイテンションだったりしたら、気になって仕方がない。

どうかいい人に当たりますように、と思いながら私は自分の部屋を探しに出た。

＊

その部屋のドアを開けると、中は異様に雑然としていた。二つの巨大な木製机とアルミのパソコン机が並び、その横には書類がぎっしりと詰まった三つの本棚が壁際を占めている。そして家具の隙間には扇風機や壊れた椅子、パソコンにつながってないモニターなどのガラクタが放置され、壁には昔のカレンダーや地図や手書きメモが張りつけてある。アメリカの重役の部屋というより、廃業した不動産屋の一室みたいである。ただし、ある一ヶ所を除いて。そこには、映画に出てくるような若い美女が、背筋を伸ばして座っていた。

美女は、私に気づくとぱっと立ち上がった。長い黒髪がバービー人形のようにカールし、エキゾチックな大きな目と薄い褐色の肌が優しげだ。

「ボン・ジュール」

と小さな声で挨拶し、私の両ほおにそっとキスをした。おお、これが噂のビズ（フレンチキス）!? 私はドギマギと固まりながらも、「ハロー」と挨拶した。おかげで彼女の名前を忘れてしまい、もう一度聞いてもよく聞き取れず、急いで紙を探し、名前を書いてもらった。

—Soheil（ソヘール）—

聞き慣れない名の女性は、アルジェリア生まれのフランス人。まだ大学を卒業したばかりだった。インターンとしてここで働き始めて、短期契約の臨時職員として採用されて三ヶ月目だそうだ。

「あなたが来てくれてとても嬉しい！　ずっと、この部屋で一人だったから。ほら、ここがあなたの机よ。もうメールもつながってるのよ」といそいそとパソコンを開いてくれた。

私は、転校生のような気持ちで、デスクに座り何げなく机の引き出しを開けた。すると中には使いかけの消しゴムやメモ帳が乱雑に入ったままだった。チーズのカスみたいな物体がこびりついたスプーンも数本ある。わわ、もったいないけど、スプーンは捨てよう……。ゴミ箱をふと見ると、ペットボトルや紙くずなど、雑多なゴミが一緒に放りこまれていた。

「あの、ここではゴミの分別やリサイクルってしてないのかな?」とソヘールに聞くと、「そういうシステムはないみたいね」とのことだった。国連って、CO2削減とか絶滅危惧種の保護とかしてるんだよねえ、と戸惑いながら、スプーンをゴミ箱に放り込む。

ちょうどその時、ドアがばーんと開き、若々しい男性が大股で部屋に入ってきた。チャーミングな笑顔で、「ミローシュ」と名乗りながら片手を差し出した。

「僕の部署へようこそ! 君はここで働く最初の日本人だ!」

彼がいわゆる課長で、私のボスになるセルビア人である。

＊

ここは、組織全体の運営やプロジェクトの成果を改善することを目的に設けられた部署である。部署名の最後に「サービス」という言葉がつくが、それは「セクター(分野)」と呼ばれる他の部署に対して運営改善の提案を行うコンサルティングサービスを提供するからだ。仕事内容としては、オペレーション上の問題点を洗い出すことや、改善の提案に必要なリサーチを行うことがメインである。

だいたい二人のスタッフでひとつのセクターを担当することになる。セクターは全部で五つ。一度自分の担当が決まると年間を通じてそのセクターの職員とつき合っていくのだとミローシュは説明した。そうなると、自分の興味のあるセクターを担当できるかどうかというのは、大きな問題だ。

私はミローシュに、「教育セクター」を担当したいと熱烈に希望した。教育は、予算規模も大きく、いちばん興味がある分野だった。

それまで私は、いくつかの教育関連のリサーチプロジェクトに関わっていた。テーマは色々で、アメリカのビジネススクールの実態研究をはじめ、パナマの学術都市のためのマーケティング調査、インドネシアの職業訓練学校へのインタビュー調査に、タイの小学校の先生たちへのインタビュー調査などである。中でも好きだったのは、学校の先生や生徒から直接話を聞くタイプの仕事だった。コンサルタントの中には、こういう開発途上国や山奥に行くのが好きじゃないという人もけっこう多いが、私は歓迎だった。「生徒たちが学校に来ない理由を調査せよ」という課題を与えられ、何時間も車に揺られて着いた先の学校で、「給料が六ヶ月止まっているから学校に寝泊まりししているけど、もう辞めたい」と不平をもらす先生や、「トイレが詰まっているから学校に来たくない」という生徒の談話を聞くとがぜんやる気が出た。どうやって問題を解決したらいいのかを考えるのが面白いのだ。ただし、リサーチの方法や場所は、依頼内容や予算によっても様々で、いつもこういう「現場」に入れるわけではなかった。場合によっては、統計データや既存文書を利用したり、その問題に詳しい学者に話を聞いて調査・研究はおしまいということもあったりした。しかし、国連に入ったら、もっと深く〝生の現場〟に関われるに違いない。

ミローシュは、「そうだねー、君のバックグラウンドだったら教育セクターが自然だね」と軽い口調で了承してくれた。教育セクターは、現在はオラフというノルウェー人が担当していて、彼と協力して仕事を進めてくれと言われた。ただし、オラフは今休暇中で、二週間ほど戻らないとのことだった。

彼は、みんなを紹介しようと言ってスタッフ全員を会議室に招集した。会議室に集まってきたのは、色々な年齢層の白人や黒人、総勢七人。

セルビア人のミローシュを筆頭に、アメリカ人（ジャスティン・男性）、フランス人（ロホン・男性）、ナイジェリア人（ウワ・男性）、スウェーデン人（ルイーズ・女性）がいた。そこに、短期雇用のアルジェリア系フランス人（ソヘール・女性）とベルギー人（ステファニー・女性）。そして、今は休暇中のノルウェー人（オラフ・男性）。その上に、ケンというイギリス人の部長がいるらしいが、出張で不在だった。

それにしても、なんて覚えにくい名前ばかりなのだろう！　アガサ・クリスティーの小説みたいだ。私は、必死にカタカナで名前をメモした。

七人の会話を聞きながら思ったことは、よかった、英語でしゃべってて……、ということだった。国連では英語とフランス語の両方が公用語だ。しかし、私はフランス語がまったくチンプンカンプン。幸いこの部署は、部長がイギリス人なので英語が共通言語化されているようだった。部署のボス次第では、使用言語がフランス語になるので、これは切実な問題でもあった。

そして、もうひとつの慣習は、名前で呼び合うこと。新米の私でも、ボスのことは、ケンとかミローシュとか呼び捨てだ。アメリカではそれが当たり前だったけれど、日本の会社では部長や専務と呼んでいたので、なんだか不思議な気分になった。

＊

「ミローシュ！　早く仕事を覚えたいので、なんでも指示してください」

私はボスと二人になると、新入社員のごとくハキハキと言った。

「いや、君は昨日着いたばっかりなんだろう。疲れてない？　それに、まだ事務手続きで忙しいだろうから、テイク・イット・イージー！　スロウに始めよう」

確かにその通りで、銀行口座を開いたり、滞在許可書を申請したり、ＩＤ写真を撮ったりとこまごました用事があった。何しろ巨大な行政組織なので、そういう用事の担当部署もバラバラ。人事課はあくまで、どこでどういう手続きができるのかを案内してくれるだけで、手続きを一括代行してくれたりはしない。

「そうそう、そういう事務をまず終わらせてさ」

彼の言葉に私は、肩すかしを食らったような気分だった。せっかくだから、早く仕事を体験したい。

「なるべく早く終わるように、頑張ります！」

「焦らなくて大丈夫だよ。じゃあ、まずはこれでも読んで勉強して」

と、電話帳のような本を渡された。「プログラムと予算」というタイトルで、この組織の二年間の活動計画だという。

戦争は人間の心から生まれます。だから人間の心の中に平和を築きましょう
異なる文化同士でも、お互いを理解し、差別のない社会を実現しましょう
「言論の自由」が保障される世の中を作りましょう

これが活動の計画？　ずいぶん漠とした話だ。スタッフを一人雇うのにも二年かかるのに、その間に差別のない平和な社会を作ろうというのは、えらく景気のいい話に聞こえた。

それにさ、とミローシュは続けた。「君はアパート探しもこれからなんだろう。新居に落ち

着くのも仕事だと思って、まずはアパートを見つけないとね」

「ありがとうございます！　でも、仕事もどんどん言いつけてくださいね！」

さっそく銀行口座を開きに出かける。銀行の支店が国連の建物内にあるので、便利である。対応に当たってくれたのは、マダム・ロドリゲスという優しそうなおばちゃんである。こんな外国人だらけの支店で働いているわりに、おばちゃんは、フランス語しか話せないようだ。それでも、私が銀行口座を開こうとしていることは第六感でわかったらしい。書類やパンフレットを取り出して「ぺらぺらー」と説明を始めた。

おばちゃんは私がなーんにもわかっていないことは察しているが、もう意思の疎通は放棄し、ひたすら一方的な説明が続く。最後に書類にサインしろ、と身振り手振りで言ってきた。ま、きっとみんな同じように手続きしているに違いない、口座さえ開ければなんでもいいや、と言われるままにサインした。

その時、年会費の高いゴールドカード付きの普通口座、そして「持続可能な生活」のための積み立て口座を開いたことを知ったのはカードが届いてからである。そして、フランスの銀行では一度担当者が決まると、ずっとその担当者との長いおつき合いが続く。つまり私の場合は、マダム・ロドリゲス。まったく前途多難である。

迷宮と穴蔵

さて、次はアパート探しだ。とはいえ、何から始めたらいいのだろう。日本だったら不動産屋巡りである。そういえば、街にはたくさん不動産屋があったっけ。右も左もわからぬままに、訪ねてみることにした。

フランスの不動産屋も日本と同じように、物件情報が外のウィンドーに張りつけてあった。その中からめぼしい物件を選び、「これが気になります」とジェスチャーで伝えればなんとかなるだろう。

しかし、ひとつずつ目を通していくが、広告は、どうやら売り物件ばかりだった。仕方がないので緊張しながらドアを開け、「賃貸の部屋を探してます」と英語で言ってみた。受付にいた女性はチラリと私を見て、無愛想に「賃貸物件は三件しか扱ってないけど、それでよければ」と返答。は？　たったの三件？　しかも、話を聞くとその三件は、まったく手が出ないほど高額だった。

これは、どういうことなのだろう。仕切り直すべく一度職場に帰ってソヘールにこの不動産屋での顛末を話すと、彼女は仕事の手を止めた。

「そうよ、フランス人でさえアパートを借りるのは大変なのよ」

彼女は、生まれこそアルジェリアだったが、祖国を離れてフランスのパスポートを取得し、もう二十年をパリで過ごしている。信仰する宗教はイスラム教らしいが、その立ち振る舞いはフランス人そのものに見えた。

彼女によれば、パリは空き物件が極端に少ない。それは、そうだろう。中世さながらの街並みを保持する努力の裏側には、「新しい建物を建てない」という規制があるのは想像に難くない。しかしながら、地球の人口同様にパリ市民の数も増え続けているわけで、当然の帰結が超住宅難。うーむ。

「アリオ、不動産家さんに行く前に、まずは〝ドシエ〟を準備したほうがいいわ」とソヘールは言う。

〝ドシエ〟とはなんぞや？　それはフランス語でいわゆる〝書類〟を意味する言葉だそうだ。この場合、アパートに借りるのに必要な様々な書類セットのことを指す。収入の証明、銀行口座の情報、保証人の名前などのことだ。そういう〝ドシエ〟を揃えていないと、いくら私が気に入ってアパートを借りたいと言ったところで、相手にされないか、他のドシエが揃っている入居希望者に横からさらわれてしまう。フランスは、文書至上主義なのである。

「それで、どんな物件を探してるの？　手伝うわ」とソヘールは言った。「ドウ・ピエスくらいかしら？」と意味不明なことを言う。それが、部屋探しというロングジャーニーの幕開けだった。

フランスにおけるアパート探しは、特有の不動産用語を学ぶことから始まる。例えば、日本でいう1LDKは「二つの部屋」を意味する「ドゥ・ピエス（deux pieces）」、エレベーターは「アサンスール（ascensur）」、オープンキッチンは「キュイジネ・アメリケンヌ（アメリカ式キッチンという意味）」などである。ソヘールは辛抱強く言葉のリストを作り、私は試行錯誤してドシエを揃え、コピーしてファイルに挟んだ。頼める人がいないので、保証人は諦めた。

そうやって臨戦態勢で最初に見た部屋は、サン・ミッシェルという繁華街に近いエリアの五十平米のドゥ・ピエス。それまで、六畳に住んでいた私には大胆なステップアップである。フランス映画に出てくるような部屋を想像しながら、現地に向かった。

しかし、結果は惨憺たるものだった。窓は小さく、全体が洞穴のようにひんやりと薄暗い。備え付けの家具も、古くて悪趣味なオリエンタルテイストのアンティークだ。うーん、嫌だ！

二件目は、商店街に面した明るくて大きなワンルーム。エレベーターはないけど、雰囲気は悪くない。しかし、よく見るとキッチンやバスルームは、なぜか工事半ばで放置されている。オーナーが旅行中で、工事が完了するのは一ヶ月後とのこと。しかも洗濯機を設置する場所もないので、コインランドリー通いするはめになる。はい、次。

三つ目の物件は、ひたすら雰囲気が重苦しい。壁一面が天井までの全面鏡張りで、ほこりだらけのクリスタルっぽいシャンデリアがかかっていて、花柄の古い壁紙、そして床は大きなシミだらけのカーペットが敷いてある。夜になったら甲冑を着た霊でも現れそうな重苦しい雰囲気だ。こわっ！

四件目、五件目、六件目……。

二週間かけて、かなりの数のアパートを見た。それらは、何もかも見事にバラバラ。大きさも二十五〜五十平米、高さも二階から十一階まで。フローリングもテラコッタタイルもカーペットもあった。しかし、すべてに共通する点は、「どこかが変」ということだった。

そう、パリの物件って、何かが必ず変なのだ。

パリの建物は、大まかには旧建築と新建築という二種類に分かれる。旧建築の部屋は誰もが写真で見たことがあるような造りである。そこには、縦長のフランス窓に白い壁、そして濃い色のフローリングがある。一方の新建築は第二次世界大戦後に建てられた建物のことを指す（新しいといっても三十年くらい経過している）。たいていは、機能重視でなんの変哲もない集合住宅である。

私はアンティークの家具や古道具が大好きなので、迷わず旧建築を希望した。ところが、どうだろう。旧建築の部屋というのは、数百年間の風雨に耐えているので、多くがレトロというよりただボロい。さらに上下水道が存在しなかった時代の建物もあるようで、トイレやお風呂が突飛な場所にあったりする。六階、七階でもエレベーターはないのが当たり前。

じゃあ、ごたくを並べていないでさっさと新建築にすれば、と言われればその通りなのだが、新建築は数が少ないうえ、部屋の中はひどく殺風景である。一言で言えば、「パリ感」がまったくない。せっかくパリに来たんだから、やっぱりパリらしいところに住みたいのが心情だ。そうそう、私はけっこうミーハーなのである。

ふううと大きなため息をついた。

この二週間というもの、職場のパソコンで検索しているのは不動産屋のサイトや新聞に載っている貸し部屋の広告ばかりで、仕事らしい仕事はまだしていなかった。

これってどうなんだろうか。

我が子を谷底に突き落とす獅子のようなアプローチが基本方針なのは、理解した。こういうことをうまくやりこなすのも国連職員の登竜門なのかもしれない。でも、家探しの間はまるで仕事にならないので、給料は完全に無駄になっている。それだったら、不動産屋さんと提携するなどして、職員には本来の仕事を早く覚えさせたほうがよくないだろうか。しかし、そういう柔軟性を持ちえないのもまた、巨大な行政機構のなせる業なのかもしれない。

私は、アパートを探すために職場をちょくちょく抜け出していて、そのたびに「今日は午後、二時間ほど留守にします。本当にすみません」などと報告していた。しかし、ある時、ミローシュが言った。

「いちいち報告しなくていいよ。そういうのは必要ないんだ、少なくとも僕は気にしない」

おお、なんて成熟した信頼関係に結ばれた職場なのだろうと感心した。でも、それはちょっとした誤解だった。信頼云々よりも、ここは、究極の個人主義の職場であることが次第にわかってきた。

＊

ランチタイムも、ここでは何時に、どこで、何を食べ、何をしようと自由だ。

アメリカ人のジャスティンは、判で押したように十二時になるとサンドイッチを買いにいく。フランス人やスペイン人は遅めの午後一時くらいに出かけ、二時半くらいまで帰ってこない。彼らはどうやら自宅に帰って家族団欒しながら食べているらしい。スウェーデン人でお洒落なルイーズは万年ダイエット中で、スニーカーに履き替え、ジョギングに出かける。

私は、だいたい誰か時間がありそうな人と職場のカフェテリアに出かけた。

カフェテリアに最初に足を踏み入れた時は、その豪華さに感激したものだ。コック帽をかぶったシェフが調理をしていて、ローストチキンやビーフシチューがずらりと並ぶ。だいたい六、七ユーロでなんでも食べられる。これは街のビストロの定食の半額くらいだ。カフェテリアではワインもしっかり売っていて、飲んでいる人がかなりいることにもびっくりだ。

勤務時間は基本的に午後六時まで。ここだけはかなりきっちりと守られている。チャイムが鳴るわけでもないのに、六時になると、職員は鳩が群れで飛び立つように一斉に帰っていく。私が六時十分頃にオフィスにいると、ミローシュが見回りにやってきて「何やってるんだよ、ゴー・ホーム！　日本人は働きものだなあ」と笑顔で追い出された。

ただし、イスラム教徒（ムスリム）はまた別のサイクルで動いている。一年に一度やってくるラマダン（断食）の期間中、彼らはランチを食べない。だから、ランチタイムも仕事をしていると見なされ、一時間早く帰宅することが許されている。私が働き始めたのはまさにこのラマダンの期間中で、事務課からちゃんと「ラマダン中のムスリムの労働時間について」という連絡が回っていて、ムスリムたちはお腹をすかせながら、さっさと家路についていた。


一週間もするとようやく同僚の見分けがつくようになり、二週間もするとそれぞれの性格もなんとなくわかってきた。

セルビア人のミローシュは、サッカー好きの陽気な人だ。ある日、唐突に「君は〝ピクシー〟って知ってるか？」と聞いてきた。まったく知らなかったが、どうやら日本でプレイしていた伝説的なセルビア人サッカー選手（ドラガン・ストイコビッチ、愛称ピクシー）らしい。

「そうか、知らないのか（ガッカリ）。ピクシーは本当に素晴らしい選手なんだ」

ずっと後になってわかったのだが、ミローシュとピクシーは顔もエネルギッシュなところもよく似ていた。彼は、戦後のヨーロッパで最悪の紛争といわれるユーゴ紛争を生き抜いてきた男らしく、度胸もあり、社内の調整がうまかった。私は彼とウマが合い、仕事帰りに一緒にビールを飲みにいくようになった。

大ボスのケンは、高給取りなわりに一番の倹約家。いつも同じスーツを着ているところまではいいとして、なぜかそのスーツがブカブカでズボンの丈もつんつるてん。どうやら、太っていた頃のスーツを着続けているらしい。ランチもいつも、家から持ってきたパンとりんごとナッツである。

アメリカ人のジャスティンは、部署の中でいちばん話しやすい。かつてはアメリカのピースコープ（平和部隊とも呼ばれる援助活動団体）に所属してアフリカ、ニジェールの内戦地帯にいたらしく、何にも動じない芯の強さを感じさせた。彼は面倒見がいいので、私はわからないことがある時はジャスティンの部屋を訪ねた。どんな時でも、「カモン・イン！（入っておいでよ）」と答えてくれるのが嬉しい。愛妻家らしく、二言目には奥さんの話になる。

フランス人のロホンは、いつも自分の部屋でシャーロック・ホームズのようにパイプでタバコをふかしていた。私と同世代で独身だったが、パートナーの女性との間に娘が一人いた。「子どもはとてもかわいくて最高だよ。でも僕には、どうして結婚なんてするのかポイントがわからない。あんなのただの紙きれじゃないか」と理屈っぽくパイプをくわえる彼は、私が想像する典型的フレンチそのものだった。

他の同僚も、みなフレンドリーで、新米の私を何かと気にかけてくれているようだった。ある意味、とても順調な滑り出しではあった。

＊

しかしその間にもプライベートでは、穴蔵のような店舗スペースに住むという特殊な状況に置かれていた。それはご飯を床で食べ、情報社会から隔絶され、常に道行く人に見られている。そういう生活だ。

夕飯は、一口コンロでもできる簡単なものばかりだ。パスタをゆでて野菜を混ぜたり、鶏肉を煮込んだり。もしくは近所のアジア食品店で見つけたレトルトの焼きそば。それを床に敷いたバスタオルの上に座り、スーツケースをテーブル代わりにして食べる。電気をつけると外から丸見えなので、薄暗いままだ。

食べ終わると、奥まったベッドに潜り込み、本を読みながら意味のわからないラジオを聞く。動物園の熊も閉園時間が終わると園舎に戻るが、それと同じ行動だ。シャッターを自ら閉めるのが、熊より賢い部分だろう。

しっかし、これが、花の都の生活だろうか？

心の拠りどころになっていたのは、漫画喫茶である。ちょうど私が引っ越してきた二ヶ月ほど前にオープンしたばかりで、家から歩いてなんと五分。若い日本人夫婦が経営していて、居心地がいい。夜遅くまで大勢の日本人が漫画を読みふけったり、日本語のメールを送ったり。私はよく貸本システムを利用した。ただし選択肢はあまりなく、渡辺淳一さんの熟年ロマンス小説や宮本輝さんの古い小説を読みまくった。本当ならば、コンサートに行ったりギャラリーを巡ったりしたかったはずなのに、とにかく毎日が必死でそんな余裕もなかった。

仕事をください！

オラフが休暇から戻ってきたらしい。これで、やっと仕事らしい仕事ができるぞと、意気込んで彼の部屋を訪ねた。ノックすると、くぐもった声が中から聞こえてくる。

ドアを開けるとなぜか部屋の電気が消えていて、薄暗い。しかも窓がフルオープンで、真冬の風がゴーゴーと吹き抜けている。その中で、見事な金髪とネクタイをなびかせながら、デスクランプひとつで男が熱心に本を読んでいた。

「こんにちは」と言うと彼は、ちらりと私に視線を向けた。

「あの……何を読んでるんですか？」

私は自己紹介も忘れて尋ねずにいられなかった。すると彼は待ってました、とばかりに青い目で私を見つめ、ニヤリと笑った。

「これだよ、これ」と差し出された本のタイトルは「バイキングの教え」。電気をつけるとスカンジナビアの祖先を感じられないんだよ、と解説した。

私は平静を装いながら自己紹介し、教育セクターの仕事を手伝うことになったのだと説明する。すると、「じゃあ、コーヒーを飲みにいこう」と立ち上がった。

最上階にあるカフェに行くと、けっこうな数の職員が、コーヒーやクロワッサンでくつろいでいる。彼はカフェクレーム（温めた牛乳とエスプレッソを混ぜたもの）を頼んで、ひとしきり「バイキングの教え」について語ったあと、仕事の流れを説明してくれた。私はメモを取りながら、自分がどんなことができるかを考え始めた。

ただ……と複雑そうな表情で続いた言葉には、がっかりした。

「この組織の予算単位は一年ではなく二年。つまり、年度末は二年ごとにやってくる。年度末というのはほとんどのプロジェクトも終わりかけていて、予算もなくなる。そして今がその年度末だ。だから、この二ヶ月は大きな仕事が動いていないんだ。でも、年が明けたら忙しくなるよ。そうしたら君と一緒に色々と進めていくつもりだ」

すぐにミローシュに向かって訴えかけた。

今教育セクターの仕事はあまり忙しくないようなので、自分にはすごく余力がある。ぜひ何か急ぎのプロジェクトに関わらせてもらえないか。早く仕事を覚えたいんですよ、としつこく言うと彼は、わかった、わかったと相づちを打った。「どうもウワが忙しそうだ。彼の仕事を手伝うようアサインする（割り振る）よ」と約束してくれた。

それまで日本の会社で目の回るような忙しさだったので、自ら頼んで仕事を見つけないといけないという状況にすっかり混乱していた。

*

ウワは、ナイジェリアの出身だ。身体が大きく、肩幅も広く、見るからに強そうである。内戦でケニアに亡命したという過去を持っていたが、クイーンズイングリッシュで丁寧に話す彼を見ていると、そんなことは想像できなかった。彼はケニアの大学で先生をしていたらしく、ただの世間話をしていても最後は誰彼かまわず講義を始める〝ミスター・プロフェッサー〟だという噂だった。

彼の部屋を訪ねると、「プリーズ・シット・ダウン（座って）」と革のソファに座らされた。中を見回すと、私の部屋とは雰囲気がえらく違う。彼は、どうやら自前の革張りのソファやローテーブルを持ち込んでいるようで、社長室みたいだ。

「君に頼みたいことがある。いや、心配しなくていい。難しくはない。ただし、根気がいる仕事だ。できますか？」

「もちろん挑戦したいです！」

「まず、僕が指示するファイルの中から必要な情報を見つけ出し、それを抽出する。その複製を作り、新たなファイルとして集約する仕事だ」

大げさな言い方だが、なんてことはない。資料を大量コピーするだけである。うーん、こりゃ、つまらなそうだなと思いながらも、「わかりました、どれくらいの量ですか？」と聞いた。

ウワは一冊の分厚いファイルを取り出した。

「えーと、だいたいこれが二百冊。それがワンセットで、五年分だから千冊だ。いや正確に言えばそれより多いかもしれない。いや、誤解しないでくれ。すべてではない。必要な箇所を抜き出せばいい」

「え、抜き出す？　一枚、一枚？」

「そうだ。ひとつのファイルから三十ページくらいだろう」

「それが、千冊？　あの、それ、きっと一週間くらいかかりますよ」

私は困惑でしばし押し黙った。確かに私はここでは新人だが、アメリカの大学院を卒業したあと六年間研究職でキャリアを積んできた。新卒の新人だったら、喜んでコピーもこなしたことだろうが、七年目の今そこからやり直すのはつらい。そもそもコピーをとるためにはるばるフランスまで来たわけじゃない、という感情が乱れ飛んだ。

「えっと、そういうことだったら大学生にアルバイトを頼んだらどうなんでしょう。もしくは、コピー屋さんに外注するとか」

私は、日本で勤めていた会社の考え方を引きずったまま答えた。そこでは、常に組織全体としてのコスト効率が重視され、大量コピーやデータ入力といった単純作業は、アルバイトに任せることが奨励されていた。

彼は、ぽかんとした顔をしたあと、再び先生のように私を諭した。

「君の主張は理解した。オーケー。レッスンワン。それができない理由は三つある。まず、ひとつ目。これは機密文書だから外には持ち出せない。二つ目。そのような適任のアルバイトを見つけるのは簡単とは思えない。三つ目。そんな予算はない」

予算、予算と言うが、生涯賃金で見れば終身雇用の職員というのは非常に高い。私のようなペーペーでもそれは同じで、専門職員に一週間もコピーだけをさせるほうが予算の無駄遣いなのではないだろうか。

そうだ、ここは最初が肝心だ。ここは海外だし、自己主張も大切だ。

「すみませんが……その仕事、お引き受けできません。誰か他にできる人を見つけられることを祈ります。それでは」

と丁重に言って、外に出た。

私は日本人としては珍しく、ノーと言える性格なのだと自分でも知った。

＊

私は再びミローシュの部屋に舞い戻った。

「なんか、別の仕事ください！」

「あれ、ウワの件はどうなった？」

「だって、あれは天文学的な量のコピーをするミッション・インポッシブルですよ。たった今断りました」

ミローシュは、ちょっと驚いた顔をして、「そこに座って」と椅子を指した。

「アリオ、君に言っておかないとね。アフリカ人というのは、この組織の中では特殊なんだよ。アフリカ人は歴史上、植民地政策で虐げられてきた。だから、国連はアフリカの人への接し方に特に敏感なんだ」

「私、別に変なことは言ってません。大量コピーが効率的と思えないから断っただけです」

「でも、君は日本人だろう。日本は経済大国だ。だからそういう態度は、アフリカ人を見下してるとも受け取れないことはない」

「日本とかアフリカとか関係ないです。問題は大量コピーなんです」

私は論旨が見えないままに、色々と言い返した。ミローシュは細かい議論が苦手なようで「わかった、わかった。あのね、長い話になるから短くまとめると（『to cut the long story short』というのが彼の口癖だと後に判明）」と核心に入った。

「ヘイ、彼の態度を見ただろう。まるでプロフェッサーだ。僕は一応彼のボスだけど、彼は二十も年上で、知識も豊富だ。だから僕でさえ彼に指示を与えることができないんだよ。君が今は時間があるって言ってたから、手伝いに出すことをオッケーしちゃったんだよ。だから、ごめん！　申し訳ないけど、引き受けてあげてよ！」

最初は世界の植民地政策が国連の政治力学にも影響を与えているのかと思いきや、ただの彼とプロフェッサーの関係力学のようだった。

私はしばし、考えた。長い一生のうちの一週間をコピー室で過ごす。それは、まったく無駄に思えたが、これも立派な国連職員になるためだと思おう。

「じゃあ……」

と私はすかさず交換条件を出した。「次はもっとマシな仕事をアサインしてくださいよ！絶対！」

ことの顛末を聞いて気の毒に思ったソヘールが「私もアリオを手伝いたい」と言ってくれて、それはプロフェッサーによって許可された。

翌日から三日間、二人で狭いコピー室にこもって、アスリートのごとくストイックにコピーをし続けた。一枚、一枚、必要な箇所をバインダーから引き抜き、コピー機にかけ、それを戻す、ということを三千回くらい繰り返した。すべての動作をスムーズに行えるようになると、私たちはどちらともなくおしゃべりを始め、お互いの家族や、小学校の時の思い出までしゃべりまくった。ソヘールの今つき合っている彼はクリスチャンなのだが、イスラム女性がクリスチャンと結婚することはアルジェリアの法律では許されていないのだ、と話してくれた。

「彼は私を愛してるって言うけど、彼がムスリムに改宗するしか将来の道はないのよ。ムスリムの男性は他の宗教の女性と結婚できるけど、女性はダメなの」と彼女はいたずらをするような美しい目で解説した。

すべてのコピー終えた夜、私たちは段ボール数箱分の紙をプロフェッサーの部屋に運び込んだ。そして、すぐに二人で近くのバーに行き、祝杯をあげた。彼女はムスリムだからお酒を飲まないのかと思いきや、ビールを頼んで、タバコに火をつけた。

「乾杯！」と言った瞬間、ソヘールはグラスを持つ手を止めて「アリオ、フランスでは乾杯の時に絶対にお互いの目を見ないといけないのよ」と教えてくれた。

「目を見ないと何が起こるの？」

「ふふ、ちょっと言いにくいけど……そうしないと、七年間ひどいセックスしかできなくなるんだって！」

それ、フランス人はほんとに信じてるのと聞いたら、「そうよ、ここではみんな恐れているわ」とちょっとシリアスな顔を作ってくれた。

「へー！」

それまでいだいていた、イスラム女性のイメージが一気に崩れた。こんなリベラルなイスラム教徒もいるんだなあと愉快な気分だった。

私たちは、その晩おおいに飲んでおおいに盛り上がった。

この楽しい一夜がミッション・インポッシブルのご褒美でもあり、小さな分岐点でもあった。ソヘールは心が許せる最初のフランス人の友になったのである。

そして、もうひとつのご褒美もあった。約束通り別のプロジェクトに関わることになったのだ。それは、色々な部署の人に出会えるわりと面白い仕事で、職場での日々は少し忙しくなった。

国連職員のカースト制度

ソヘールは、同じ部署のステファニーというベルギー人と仲がよかったので、よく三人で職場のカフェテリアに行きランチを食べた。

ステファニーは、これまた恐ろしいほどスタイル抜群のブロンド美女で、若い頃のキャメロン・ディアスにそっくり。「メリーに首ったけ」という映画の主人公のメリーのような感じで、弾けるような笑顔を気持ちよく振りまいていた。ブロンドガールとアラビアン美女に囲まれているおかげで、三人で歩いていると、彼女らの友人たちに「ハロー！　チャーリーズ・エンジェル！」といつも声をかけられた。

二人はたいていパスタやパンを家から持ってきていて、カフェテリアではフルーツやサラダを買うだけだった。最初の頃こそ何もかもおいしそうに見えたカフェテリアのご飯だったが、実はかなりマズいので職員からの評判はすこぶるイマイチだった。しかし、彼らがランチを持参しているのは、カフェテリアの味とは別の問題のようだ。「ランチを作ってくるなんて偉いね！」と私が言うと、ステファニーは、「ぜんぜん！　そんなんじゃない。だって、毎日外食するお金なんてないもん」と言うのだ。

はっきりとは言わなかったが、彼女たちのような短期雇用のスタッフの給料は、正規職員とはかけ離れたものだという感じがしていた。

ある日、いつものようにカフェテリアで二人とランチを食べている時のことだ。私のクビから下げたＩＤバッジを見て、イギリス人のスティーブがからかうような声をかけた。

「わお、君は実は『ブルーバッジ』じゃないか」

スティーブは別の部署で働くスタッフだ。

「そうよ、彼女は正規職員だもの」

とステファニーが、さらりと答えた。そう言われて見てみると、スティーブもステファニーもオレンジ色のＩＤバッジを首から下げていた。

「ブルーとかオレンジに何か意味があるの」

と私が聞くと、スティーブは呆れた顔になった。

「あのね、青は正規職員用のバッジなんだよ」

ふうん、とその時は思った。しかし、そこには想像以上に深い問題が隠されていたのだ。

＊

国連職員はＰ１からＰ５という五段階のポストに分類される。「Ｐ」というのはプロフェッショナルの頭文字で、専門職員のことを指す。Ｐ１はヒラの新人で、Ｐ５は課長レベルだ。その上にはさらに「Ｄ１（ディレクター）」と「Ｄ２」という部長や支店長レベルのポストがある。Ｐの他には、「Ｇ」がつくポストがある。こちらは「ジェネラル」の頭文字で、秘書など事務方の職員のことを意味し、Ｐよりも人数は少ない。Ｇはだいたいが現地採用なので、ここではフランス人が圧倒的に多い。

この巨大な職員ピラミッドの頂点にいるのが、ディレクター・ジェネラル（事務局長）である。ピラミッドの上から下までの格差は非常に大きく、待遇は給与から部屋の家具まで全く違う。だから下の人間はちょっとでも上に這い上がろうと頑張る。P1だったらP2へ。P2からP3へ、という垂直なはしごが延びているので、動きは単純だが、実はひとつ上のレベルに上るのもけっこうしんどい。というのは、それぞれのレベルの職員数がカッチリと決まっているからだ。はしごの上段に手をかけるには、前にいる人がさらに上に上るか、その人が転職などではしごから下りるのを待つしかない。自分の前に空きスペースができれば、初めて上に上れる仕組みだ。ちなみに私はP1という、ピラミッドの底辺で採用された。

そんなことより驚いたのは、ピラミッドの外にも大勢の人がいることである。それが〝オレンジバッジ〟の人々だ。彼らは、通常予算ではなく、その年度のプロジェクト予算などを利用して数ヶ月や一年で期間雇用されている。オレンジバッジの世界にも独自のヒエラルキーがあり、それはまるでカースト制度である。中には年単位で契約していて、正規職員並みの給料があり、休暇などが保障されている人もいる。しかし、その下に非常に安い給料で、休みや職務内容なども曖昧な契約で働いている人もかなりいる。彼らは短い場合は、三ヶ月ごとに契約を更新する。更新できるかどうかは死活問題だ。何せ彼らの多くがフランス国外から来ているので、更新できなければ祖国にUターン、という崖っぷちに置かれている。更新がハッキリするのは、たいてい二週間前か、ひどい時は数日前なので、月末ともなればとてつもない緊張感が漂う。

その点、ブルーの人間はそういう心配はしなくていい。よほどの問題でもない限り、クビになることはない。だから、オレンジとブルーの間には単なる色以上の隔たりがあるというわけだ。

もちろん、オレンジ時代に働きが認められ、叩き上げの正規職員として採用される人もかなりいる。しかし、まったく逆のサバイバル術もあって、今いる部署で契約が危なそうな場合は、すかさず他の部署に営業をかけ、別の短期契約を結ぶ。そうやって何年も、時に何十年も組織の荒波をたくましく泳ぎ続ける人もいる。

ステファニーの友達、アマンダがその一人だった。彼女は、部署から部署へと横に移動しながらここ二年ほどうまく契約をつないできた。しかし、現在の部署での契約延長が危ないらしく、別の事務方の部署に目をつけてアプローチしていた。部長は、アマンダに「食事をしながら話そう」と言って、レストランに誘ってきた。ところが……。

「毎日のようにあいつの食事につき合ったのよ！　それなのに、いまだに契約の話が出ないの。もうダメだわ、アメリカに帰ることになるのよ」

と、わっと食堂で泣き始めた。見ているだけで気分が沈んで、なんと声をかけたらいいのかわからなかった。

その頃、ステファニーも思い悩んでいる様子だった。「生活が苦しすぎて」と彼女は恥ずかしそうに告白した。

彼女の一ヶ月の給料は七百ユーロ。これは、フランスが定める最低賃金の半分ちょいだ。そのほとんどを家賃につぎ込んでいて、彼女は残りの小額でなんとか食いつないでいる状況だった。話を聞いているうちに、私は猛烈に腹が立ってきた。彼女は毎日オフィスに来て他の職員と同じように働いている。やれ人権だ、やれ平等だと大騒ぎしている国連の中に、最低賃金も保障されていない人々がいるなんて。

「ステファニー、私も協力するから、交渉して給料をアップしてもらおう！」と呼びかけた。ステファニーは「でも、そんなことをしたらクビになっちゃうよ」と女工哀史のようなことを言う。しかし、このまま見過ごすには、私は彼女と仲よくなりすぎていた。

「私がケンとミローシュに話しにいくよ。何せ私はブルーだからクビにならないからさ。何も恐れるものないもん」

ステファニーはしばらく考え込んでいた。

「ありがとう、いや、やっぱり自分で交渉にいく」

数日後、行ってくるね、と会議室に消えたステファニーは、目に涙を浮かべて戻ってきた。最初はうまくいっていたらしい。自分がしている仕事には七百ユーロ以上の価値がある、そう思うなら給料を上げてもらえないかと立派に上司二人に話した。二人は納得して、来月からアップすることを快く約束してくれた。そこまではよかったのだけど、能天気なミローシュが最後に言った言葉がまずかった。

「これでもう一足靴が買えるね！　おめでとう」

それを聞いてステファニーは今までのあらゆる感情が決壊したようだ。彼女は猛然と椅子から立ち上がり、叫んだ。

「靴が欲しいんじゃない！　欲しいのは、野菜！　肉！　卵！　ちゃんとした生活がしたいだけよ、どうしてわかってくれないの」

そして、彼女は悔しくて会議室を飛び出してしまったというのだ。

それでも、少しは二人の心を動かすことに成功したようだ。その後、上司二人はステファニーと和解して、さらに給料を上げると約束した。

＊

悲喜こもごもの攻防戦を見るにつれ、私がブルーとして採用されたのは、宝くじに当たるくらい幸運だったということがわかってきた。

一般的に日本人が国連に入る方法は五種類ある。ひとつは、「アソシエート・エキスパート」という外務省の制度だ。これは、日本人の若手国連職員を増やすための制度で、一連の試験に合格すると、外務省の予算で二年間、各種国連機関に試験的に派遣される。もし国連側が二年後にその人を引き続き雇用したければ、正式にその組織の予算で雇用できる仕組みだ。

もうひとつは、国連本部やユニセフなどの各機関が独自に実施する「ヤング・プロフェッショナル（YP）」と呼ばれる制度である（YP制度の正式名称は各機関によって異なる）。これは優秀な若手人材（たいてい三十二歳以下）を早くから確保し、将来の幹部候補生を育てることを意図したもの。年に一度開催される試験に合格すれば、試用期間として二年間のポストが約束される。その後はアソシエート・エキスパートと同様に、その能力が認められれば正式な職員になれる。

次は省庁からの出向だ。外務省や文部科学省、国土交通省などは関連の国際機関に職員を出向者として送る。だいたい二年ほどで日本に帰るが、中には本国の役所に戻るよりこっちのほうが合うと感じる人もいて、そういう人は国連側さえ合意すれば残ることも不可能ではない。ただしこれができる人は、最初から国家公務員として勤めている人だけだ。

第四の道がさっき話題に出た、短期雇用から採用される叩き上げの道である。短期雇用の間にボスや同僚に気に入られれば、面接などの手続きを経て引き上げてくれるというわけだ。

そして第五の道が、私がしたようにインターネットで公募される空席ポストに応募するというもの。これは椅子取りゲームと同じで、辞めた職員の後釜を一般から広く採用する制度である。ただ、いつ、どういったポストが空くのか予測が不可能だし、空席の数は限られている。競争率もひとつのポストで五百〜二千倍と非常に高い。私は、たまたま求人サイトを見た時に自分に合いそうなポストが出ていて、応募し、採用されたわけだ。

じゃあ、第五の道に挑むには実力が勝負だろう、と思うかもしれないが、そう単純でもない。

国連にはクオータ（割り当て）制度というのがあり、各国から何人を正規職員として採用するかという基準を定めている。国連が始まった当時は各国の拠出金の額次第で国の割り当て人数が決められていたが、その後、その国の人口という新たな要因も加わったため、クオータ数の計算は非常に複雑だ。

例えば、日本は拠出金も人口もわりあい多いので、たくさんのクオータが与えられている。ドイツやアメリカなんかもそうだ。しかし、拠出金をまあまあ払っている国でも、人口が少ないためにクオータが少ない国はいくらでもある。北欧や、ニュージーランド（人口約四百四十万人）なんかがそうで、この基準によればほんの数人〜十人しか雇えない。例えば、すでにこの組織に三人のニュージーランド人がいると、もう割り当てはいっぱいなので、いくら実力があっても採用される見込みはゼロに近い。すると、実力は劣るとしても、クオータが余っている国の人が採用される。ちなみに世界では数万人という国連職員がいるが、日本人職員はまだ数百人とかなり少ない。クオータが余っているから、日本人はかなり有利になる。さらに女性は、男性よりも少ないため、やはり有利だ。そういう、すべての外的な条件をクリアしないと国連ポストを射止めることはできない。

考えれば考えるほど、私が採用されたのは幸運だったのだ。

私が国連に入るまで

だいたい日本大学の芸術学部の放送学科にいた私が、こうして国連で働いているのは、不思議なことである。思えば、それは偶然の連続だった。

そもそも放送学科に入ったのは、映画や映像が好きだったからだ。小学生の頃に趣味で映画を作り始め、高校生で情熱のピークを迎えた。夏休みになると、友人に協力してもらい奇妙なSFやホラー映画などを撮っていた。そして、映像作りをもっと勉強したいと大学に入った。しかし、その頃には映像作りの熱が冷めてしまい、あまりマジメには勉強しなかった。

二十歳の頃、成人式の着物はいらないからと言って母からもらったお金で、初めてアメリカに二ヶ月旅をした。アメリカが好きになり、その翌年もお金を貯めて一ヶ月間ニューヨークに遊びにいった。いつの間にか、人生で一度は外国で暮らしてみたいと考えるようになっていた。そして、周囲が就職活動を始めた頃、たいした脈絡もなく、「国連で働くっていいかも」と思いついた。たぶん、「かっこよさそう」くらいにしか考えていなかったのだろう。

しかし、今のままでは国連には入れないという判断力だけはあった。国際問題についてなんの知識もないし、外国語も話せない。そこで、人生で一度は外国に住みたい、という願望も相まって、アメリカの大学院に進学することに決めた。そんな、軽はずみな決断を両親は応援してくれて、大学卒業から半年後にはアメリカに出発。しばらく語学学校に通った後、ＧＲＥというアメリカの大学院用共通試験を受け、いくつかの学校の願書を取り寄せた。ＧＲＥの結果は惨憺たるものだったが、とりあえずは結果は無視し、見よう見まねでレポートを書き、願書を送った。初めての作業だったが、現地で出会った友人たちが手伝ってくれたので、なんとかなった。

そして、願書を送ってから三ヶ月後、中でも最難関と思われたジョージタウン大学の外交学部から合格通知が届いた。その時の感想は「うそでしょ⁉︎」。どうして合格できたのかは、今もって謎である。何はともあれ、アメリカに渡って九ヶ月後にめでたく大学院生ライフが始まった。外交学部での専攻は、中南米を選んだ。あまり深い意味はなかったが、父が一時期ブラジルで働いていたことから、南米に憧れがあった。それに、せっかくアメリカまで来たんだから、知らない地域について学ぶほうが得だろうという単純な発想だ。

しかし、そこからが問題だった。日本でモラトリアムにどっぷりとつかっていた私には、勉強するという習慣もなく、英語に触れたのは大学受験が最後。しかも、この大学院には世界中から優秀な学生が集まっている。

ああ、なんでこんな大変なことを始めちゃったんだろう、と毎日泣きそうだったが、完全に後の祭りである。ミーハーな過去の自分を恨み、日本で就職したほうがよっぽどラクだったとぼやいた。しかし、もう列車は発車済みである。高い学費も払ったことだし、こうなったら絶対に卒業してやる、と気合を入れ直し、来る日も来る日も図書館で勉強し続けた。論文を書くのもアメリカ人の学生の十倍くらいの時間がかかるので、とにかく無我夢中。研究発表する時や先生に質問する時はいつも極度に緊張した。

やっとマトモに授業についていけるようになったのは、一年くらい経った時のことだ。その頃には、私は見事に中南米の世界にはまっていた。先住民の歴史、左翼やゲリラ運動、アメリカの狡猾な外交政策、そのすべてがつながり始めると、もっと知りたいという気持ちが強くなる。

特に中南米には多くの先住民族が住んでいて、その文化や伝説を調べるのが好きだった。休みになるとメキシコやグアテマラに旅に出かけた。南米出身の友達もたくさんでき、サルサパーティにも呼ばれるようになり、学校生活も楽しくなってきた。周りの学生たちは世界銀行やNGOでインターンを始め、自分は何もしてないわりに国連や国際協力といった世界に近づいた気がした。

しかし、中南米を専門分野に選んだおかげで、英語もろくにできないのに、今度はスペイン語も勉強しなければいけないという、ギャグのような状況に陥っていた。大学院の授業の傍らで、学部生に交じってスペイン語の授業に出席する。それだけでは、とうてい上達しないので、夏休みになるとコスタリカに短期のスペイン語留学も行った。卒業までに、スペイン語の文献を読みこなし、ある程度話せるようになるのが最低目標だ。

しかし、今度は別の問題が勃発した。この頃、毎日のように円安が進み、もともとギリギリだった仕送り額が三分の二ほどに激減。同時に不況の影響で父の会社が経営危機に見舞われ、生まれて初めてのド貧乏生活に陥った（学費が払えない時があり、あまりに気の毒に思った学校側が学費をまけてくれたことさえあった）。おかげで食事は、家で毎日のようにパスタである。

私は、他の学生より一学期多い二年半をかけ、学問的にも経済的にもギリギリで大学院を卒業した。卒業があまりに危ぶまれたため、卒業試験の終了時間を特別に延長してくれたほどだった。

卒業が無事に決まった時、「これで働いて稼げる！」と万歳した。慣れない勉強漬けの日々と貧乏生活で、もう学生生活にはうんざりだ。

卒業の直後、ルームメイトに紹介されるままにコンサルティング会社の面接に行くと、そこは国際協力を専門にする小さな会社だった。人手不足のようで、「明日から働いてください」という嬉しい展開になった。仕事内容も面白そうだったし、とにかく早く働きたかったので、私の就職活動は一日で終了である。

入社して初めて担当したのは、パナマの学術都市の計画作りで、一ヶ月半パナマ・シティに滞在した。まだ仕事のイロハもわからないので、他の専門家たちの通訳兼小間使いみたいなものだ。それでも、満足だった。国際協力の仕事で海外に行くという夢がかなったし、私はようやくその世界の入り口に立ったのだ。出張の間、パナマの北部にはクナ族という先住民の自治領があることを知り、土日は小型飛行機に乗ってその島に遊びにいった。

それにしてもこの会社の社員は、社長を除くと三人だけ。しかも、私以外の二人は私の入社後すぐに家庭の事情で辞めてしまった。そのため、私は二人の仕事を引き継ぐ羽目になり、本業のリサーチだけではなく、社長の秘書業務、自分の給料や経費の支払いなどの会計作業、弁護士との打ち合わせに、ゴミ出し、トイレ掃除やゴキブリ退治に慣れない営業や契約交渉までしていたので、日々パニックである。社長はプロジェクトでいつもアメリカを留守にしていて、広いオフィスにいるのは私だけ。だから多くの判断は自分ひとりでしなければならない。おかげで新入社員なのに、すでに経営者として独立したような錯覚を覚えた。社長は私にも仕事を取ってきてくれ、私は下手なりにスペイン語が話せることが売りになり、メキシコ、チリ、ベリーズ、パラグアイ、ブラジル、ジャマイカと出張に出かけた。出張先で熱帯雨林や先住民族の村に出かけたりするのが楽しみだった。

しばらくするとようやく別の社員が入ってきて、話し相手もでき、仕事はラクになった。しかし、逆に三年も経つと小さな会社でできることにも限界が見えて退職。そして六年ぶりに日本に帰国し、実家に戻った。

しばらくブラブラしていると、友人が大手のシンクタンクのバイトを紹介してくれた。内容は、翻訳やエクセルで表を作るといった研究まわりの雑務である。週三日の約束で始めたアルバイトはすぐに毎日になり、気づいたらそこの研究職にスカウトされていた（採用された時、常務に「最初で最後の日芸卒の職員だろう」と言われた）。

今度は、うってかわって研究員だけで七百人、事務方やアルバイトが数百人以上という大所帯である。運よくまた中南米のリサーチを多く任され、英語とスペイン語を使って猛烈に働き始めた。二十代の終わりの無尽蔵の体力をフル活用し、終電で帰宅は当たり前。深夜三時に送った報告書のコメントがアメリカから一時間後に届いて、そのまま朝までに修正することもあった。

南米やアジア、アメリカへの出張はさらに増え、一年のうち七ヶ月はホテルに泊まっている状態だった。プロジェクトは、教育の他にも、農村開発や道路や電力といった様々なエリアにまたがっていて、いつも未知の世界に連れていってくれた。先述したように、特に「聞き取り調査」と呼ばれる現地の人に直接インタビューする調査が楽しくて仕方なかった。積極的にそういう仕事を引き受けたので、社会人になって六年間でインタビューした人の数は、数百人を超えていただろう。トレーニングを受けて色々なインタビュー手法を学び、知識も経験も増え、「専門家」に近づいていった。

しかし、その一方でいつも報告書の締め切りに追われていた。長い旅行やデートなんて妄想の中だけである。ストレスから腹膜炎になり、病院に担ぎ込まれて二週間入院した。これはダメだ、と発作的に国連に履歴書を送ったのがその退院の後だったと思う。そして三年で再び発作的に退職し、国連に拾われた、というわけだ。

まあこうしてわかる通り、それなりにがむしゃらにやってきたとは思うものの、結局は行き当たりばったりに生きてきた。それでも、行き着いた場所が最初に思い描いた国連だったというのは幸運だと思わざるをえない。もちろん、やっとスタート地点に立ったばかりであるが。

不法滞在者の家

せっかく残業もない職場に来たのだから、私生活だって楽しみたいと考えていたある週末、ある場所に巡り合った。今思えば運命的といってもいい出会いである。

目の前には日大時代の旧友がいて、「まあ、くつろいでいってよ」と、赤ワインのボトルを手渡してくれた。言われなくても、すでにくつろいだ気分だった。窓の外に目を向けると、パリの街並みが遠くまで見えた。建物のどこかではジプシー音楽が鳴り響き、辺りは油絵の具の香りで心地よく包まれていた。

ここは「59リヴォリ」とか「スクワット」といわれる建物の中だ。フランスでは、アーティストやホームレスの人々が不法に占拠した場所を「スクワット」と呼ぶのだが、ここはパリ最大のスクワットのひとつだった。

　国連職員の私が不法居住区を訪れることになったのは、大学の後輩、土屋洋介のおかげだった。洋介は、昔から「俺はパリでアーティストになるんだ」と吹聴する陽気な男だった。当時の私は、「パリでアーティスト」と聞くたび、「へー、いいね」とおざなりなリアクションをしていた。洋介は確かに美術学科を卒業してはいたが、作品制作よりパチンコに明け暮れていたからだ。

　ところが、いつの間にやら彼は本当にパリに引っ越していた。知人を介してやっと彼の連絡先がわかり、公衆電話から電話番号を押すと、アロー、というフランス語が聞こえた。

「私だよ、アリオ！」

　事情を説明して私が今パリにいるとわかると、声のトーンが跳ね上がった。

「あっちゃ〜ん！　パリに来てくれて嬉しいよ〜、さっそく週末会おうぜ！」

　そう言う声は、以前となんの変わりもなかった。


　彼が指定した待ち合わせ場所は、シャトレ駅。路線図で確認すると、パリの中心に位置し、数本の路線が交わるターミナル駅である。人ごみの中、笑顔で手を振って迎えてくれた彼は、以前よりも格好がラフになり、髪はボサボサだ。

「今から行くところは、俺たちのアトリエなんだ。〝スクワット〟っていうんだけど、あっちゃんも気に入るぜ」

なんと会わない月日の間に彼はパリで本当にアーティストになっていたようだ。しかし、スクワットってどんなところなんだろう。

遠目にも異様な建物が見えてきた。六、七階はあろうかというビルの壁には、不可解な鉄のオブジェが取りつけられ、遠くから見ると巨大な仮面が張りついているように見えた。ショッキングピンクに塗られた入り口をくぐると、門番らしき男に紙にサインをしろと言われた。それは、「ここの内部で何かの事件に巻き込まれてもいっさい責任は問わない」ということを承諾する文書だった。なんのこっちゃ。

中は学園祭の準備中のような雰囲気で、アーティストたちはグラフィティだらけの部屋でペンキを塗ったり、絵を描いたり、バーナーで鉄くずをくっつけたりしていた。洋介によれば、三十人ほどのアーティストがここをアトリエとして利用し、うち十五人ほどがここで寝泊まりもしているとのことだった。

私たちは、ひとつひとつのアトリエを見て回った。

アーティストたちの国籍や年齢はバラバラで、フランス人を中心に、ロシア人もブルキナファソ人もいた。みんな自宅の居間でリラックスしているような雰囲気を醸し出している。不法占拠を始めてすでに数年が経過していて、今は追い出される心配がなくなったのだそうだ。

それにしてもすごい場所だ。すぐ横にはルーブル美術館、そして裏にはポンピドゥー・センターがそびえている。

洋介は偶然ここに遊びにきて、いつの間にか居ついてしまったらしい。

「みんな、変な奴らばっかりだけど、めちゃくちゃオープンなんだ。それに、ここにいると、どんどん作品作りたくなるんだよ」

洋介が絵筆を握る姿を見つめながら、私は赤ワインをすすった。

彼は、私がアメリカに住んでいた頃も二回ほど遊びにきたことがあった。当時私にはチェコ人とタイ人のルームメイトがいたのだが、英語もまるで話せないのにすぐに彼らと打ち解けてしまったことを思い出した。だから、彼がこういう場所にいるのは自然に見えた。


その夜、二人で夜の散歩をした。マレ地区というしゃれたエリアに差しかかると、石畳の道をかっこいい男性カップルが手をつないで歩いている。広場では、黒い服のオペラ歌手が、たった一人で歌を披露していた。静かでゆったりした夜の光景を眺めて、ああ、ここはニューヨークでも東京でもなく、確かにパリだと実感した。それまでは、雑多な国籍の同僚と英語でしゃべっていたので、あまりパリにいる実感もなかった。

ビストロの前を通りかかると、洋介が「ここでご飯を食べよっか」と言う。木のテーブルに赤いチェック柄のクロスがかかっていた。黒板の手書きのメニューが目の前の椅子に立てかけられていたが、私にはひとつも解読できない。

「はは、実は俺もめったにこういうところ来ないから、どんな料理かはよくわからないけど、これはポークで、こっちは鴨のローストだよ。あと魚もあるよ」

じゃあ、ポークでと言うと、「じゃあ、俺もポークにしようかな」と言って、彼は「シル・ヴ・プレー」と軽快にオーダーした。わあ、かっこいいな、早くこんな風にオーダーできるようになりたいなあ、と思った。

赤ワインが運ばれてくると、私たちは再会を祝して乾杯した。最初の出会いからすでに十年という月日が経っていた。同じ大学を卒業したのに、まったく違う立場でパリに流れ着いた。それは、とても素敵な偶然に思えた。

＊

「ねえ、あの時のこと覚えてる？　ユキちゃんのこと」

と私はポークを食べながら聞いた。

「そりゃ、覚えてるよ！　なつかしいなあ。彼女、どうしてんだろう」

私たちは、古い思い出話で盛り上がった。

私がまだ大学を卒業したばかりの頃のことだ。どういう気まぐれか、偶然耳にした「ユキちゃん」という、男性から女性に性転換した人を取材しようと思い立ったことがあった。その時はアメリカに行く前でとても暇だったので、文章を書くことにトライしてみたくなったのだ。

彼女は、性転換をカミングアウトせずに一般の女性として会社勤めしていた。事前に連絡をすると断られる気がして、突撃で彼女の家に行くことにした。しかし、彼女の家は埼玉の奥で、車でしか行けない。運転ができない私は、免許取りたての洋介に運転を頼んだ。彼は、「いいね～、楽しそう」と快く引き受けてくれた。

今思い返すと、それはとても失礼でデタラメな企画だったのに、ユキちゃんは優しい人だった。突然訪ねてきた私たちにびっくり仰天しながらも、デニーズで長い人生話を聞かせてくれた。ただ、呆れたことに、私はその後すぐにアメリカに留学してしまい、ユキちゃんの記事を書くことはついになかった。それが、私と洋介が共有した、最初の思い出深い夜である。

「あっちゃんといえば、あれだよなー。アメリカでの夜のドライブ！　知らない間に高速乗っちゃってさー」

「あー、あの洋介が遺書を書いた時ね！　あの運転は、自分でも怖かったなあ」

洋介が思い出したのは、私が運転免許を取得した当日のことだ。日本で免許を持っていなかった私は、アメリカで一発試験に挑んだところ、たった四時間の練習で奇跡的に合格してしまった。その夜、私はたまたまアメリカに遊びにきていた洋介を誘って夜のドライブに出かけた。その時洋介は「せっかくだから」と遺書を書いたのだ。

「あの時さー、遺書を書いたわりに、『思い残すことは何もない』って書いたよね。あ、でもたしか『犬のペコの面倒を頼む』ってだけ、書いてあったっけ」

「そうそう、だってほんとに思い残すことなかったもん」

「でも、あの時の私の運転、心底ヤバかったよね！」

＊

夕飯を食べ終わると、再び歩いてマレ地区を抜け、我が家に向かった。地図で見るとシャトレーから遠く見えたのに、一時間ほどで着いてしまった。

「パリは小さいから、その気になればどこにでも歩いていけるよ」と洋介は言った。

私が部屋のドアを開けるなり、「え、何これ。どうなってんの？　これ、お店じゃん！　わー、俺何年も内装工事のバイトしてていろんなパリの家を見たけど、こんな奇妙な部屋、初めてだよー！」と見回した。

「やっぱり？　外から丸見えってすごいよね。見て！　シャッターも閉められちゃうんだよ！」

「ほんとだ！　おっかしー！　さすがあっちゃんだなあ、よくこんなヘンな部屋を見つけたね」

私は、へへ、と笑うしかなかった。

その夜、洋介が帰ると、いつものようにラジオを聞きながら本を読んだ。でも、ロマンス小説には没入できなかった。

そっかあ、洋介は本当にパリでアーティストになっちゃったんだなあ、と感じ入った。同時に、さっき見たばかりのスクワットの風景が万華鏡のようにぐるぐると輝いていた。

それは、久しぶりに感じたわくわくする気持ちだった。

バカンスシーズン到来

そろそろ「宗教の日」を指定して、と人事課から連絡があった。

あ、そうだった、忘れていた。

それは、自分が信仰する宗教の行事に気がねなく参加するための制度である。例えば、キリスト教徒は復活祭（はりつけになったキリストが復活した日だ）、イスラム教徒はラマダン（断食月）明けの祭日を選択することが多い。国連は「ダイバーシティ（多様性）」をスローガンとする職場である。人種や性別はもちろん、宗教や性的指向の自由を保障していて、差別の撤廃を目指す。だから、それぞれの宗教は同等の扱いで、土着信仰だろうと、カルトだろうと信仰自体は問わない。

なんて寛容な制度なんだろうと感心していると、「ただし、ちゃんとした祝日や祭日として認識されている日を選んでください。自分の誕生日とかを選ぶのはだめ」と念を押された。まあ、当然か。

しかし、無宗教の私にはこれといった日がない。他の日本人はどうしてるんだろう、と最近知り合った他の部署の日本人職員に電話した。

「ああ、宗教の日ですねー」と、日本人の多くは天皇誕生日の十二月二十三日を選ぶことが多いと教えてくれた。「ただ、その日は週末にかかることもあるし、そもそもクリスマス休暇の時期なので、けっこう損な選択なんですよね。思い入れが特になければ、必ず休める『移動祭日』がいいと思います」と丁寧なアドバイスをくれた。

移動祭日、了解です！　だからといって体育の日や海の日を選ぶのはどうなのか。どうも〝宗教感〟が薄い気がする。色々考えたあげく、成人の日にした。一月のお正月休暇を終えて仕事に戻ってきた時に、またすぐに休日があるのは嬉しい、というよこしまな理由だ。「成人の日」の英語表現がわからずグーグルで調べると、Coming-of-Age Dayというらしい。人事課は特に何も言わず、ごく事務的に用紙に記入した。

＊

十二月の声を聞くと、みんなが冬のバカンスの準備でそわそわし始めた。早い人だと十二月半ばから休暇を取り始めるらしい。私はまだ働き始めて一ヶ月半しか経っていないので有給などあるわけもなく、そもそも住む家もないのにバカンス気分になれるわけもない。

ところが、ジャスティンと話していたら、「何を言ってるんだ」と、驚いた顔をした。彼は真面目な顔でこう続けた。

「君も十二月末には働いて二ヶ月だろう。だからけっこう休めるよ」

確かに、有休は一ヶ月につき二・五日付与される。ということは、私はすでに五日の有給休暇をプールしていることになる。週末と組み合わせれば、一週間だ。ただ、さすが日本人、それをすぐに使うことに罪悪感を感じてしまう。しかし、ジャスティンは真面目な顔で話を続けた。

「さらに休暇を新年にまたがるようにすれば、一月の分まで使えるから、有給は七・五日になる」

「そして」とジャスティンはここが肝心だ、というように続けた。「クリスマスの時期は、有給とは別に一斉休暇もあるんだ。今年は五日間。これはスタッフ全員に与えられる休暇なんだ！」

彼は紙に「7.5＋5＝12.5day」と書いた。さらに、「君が望めば、有給は前借りも可能だ。二月の分も使えば十五日間だよ」と付け加えた。

なんと、私はたった二ヶ月しか働いていないのに、週末を含めると三週間もの休暇を取ることが可能なのだ！　日本では考えられない豪華サプライズである。

でも、なんだか悪いなあと言うと、ジャスティンは「大丈夫、どうせ誰もオフィスに来てないから、やることもないよ」と優しく笑った。

私は席に戻ると、しばし旅に思いを巡らせた。

どこに行こう。私にとってヨーロッパは広大な未知の大陸だった。ステファニーは「ベルギーに遊びにきたら、日本の犬のアニメで有名な教会があるわ（『フランダースの犬』の最終回の教会のことらしい）」と誘ってくれた。

ただ……この陰鬱な冬のヨーロッパにいるのは果たして楽しいのだろうか。きっとこの先いくらでも快適な時期に旅行できるだろう。どうせなら、明るくて暖かいところに行きたいな。ソヘールは、「モロッコなんかもいいんじゃない、たったの三時間で行けるわよ」と勧めてくれた。それもいいね！　と答えつつも、そうだ、それどころじゃないんだ、と思い出す。だって、まだ住む家も見つかってないんだよ……とほほ。

その頃には、完全に家探しの戦意が喪失したうえに、新しいプロジェクトでそれなりに忙しくなってきていた。穴蔵ライフも変に安定してきて、外もますます寒くなり、外出へのモチベーションは下がる一方。しかし、こうしてもいられない。穴蔵のオーナーの叔母さんには、「年末には遠方の親戚を泊めたい」と待ったなしの強制退去を言い渡されていたし、日本の引っ越し会社からも船便の届け先を教えてくれと催促を受けていた。もう、どこでもいいから引っ越さないと、と投げやりになっていた矢先、耳寄り情報が飛び込んできた。

「もうすぐ教育セクターのスウェーデン人の出向が終わって帰国するらしいよ。そのアパートが空くに違いない。なんだっけな、名前。ああ、カヴィだ」

バイキングのオラフが、遠い目をして思い出してくれたのだ。すぐにオラフをけしかけ、さっそくそのカヴィに内線で電話をかけると、「アロー！」と元気な声が聞こえてきた。

「あー、はいはい！　部屋を探してるんだね。大丈夫、まだ次の入居者は決まってないよ！」

どんな物件なのかと詳細を尋ねると、

「大丈夫、細かいこと聞くより、早く見にきたほうがいいよ。僕はわかってる。君はこの物件が絶対に気に入る。おめでとう!!」

と、謎のホームラン宣言をされた。

本当のパリライフが始まった

私はさっそく翌日、昼休みに彼の家を訪ねた。

そこは、パリの南西部、十五区の「ブシコー」という駅にあった。職場からも電車で六分ほど。どうでもいいことながら、駅の名前からして気に入った。今の穴蔵アパートの最寄り駅は「レドリュ・ロラン」というのだが、リュと次のロの綴りはRなので、喉の奥に痰を引っかけたような音を出さないといけない。職場で「どこら辺に住んでいるの」と聞かれるたびに、「れどりゅ・ろらん」と答え、「は?」「んん?」と聞き直される。そして、「レドリュ・ロラン」だということがわかると、映画「マイ・フェア・レディ」のイライザみたいに発音を何度も練習させられるのだ(※下町育ちの花売り娘に、スパルタで上流階級の英語を叩き込んでレディにする物語)。

それに比べて、ブシコーよ。フランス語とは思えないほどに言いやすい。

目指すアパルトマンは、駅の目の前にあった。一階には「モノプリ」というスーパーが入った新建築の建物。

頼むから台所が鏡張りとか、玄関入ったらいきなりお風呂とかじゃありませんようにと願いながら、ブザーを押す。すると色黒で太った中年男性がTシャツ姿で出てきた。

カヴィは、スウェーデンに移住したモーリシャス人だと自己紹介した。きっといつも質問されるから、聞かれる前に言うのだろう。彼は、スウェーデン政府から出向で国連に来ていたが、任期が終わりクリスマスにはストックホルムに帰るのだ、と早口の英語で説明した。

部屋はセントラルヒーティングらしく、中は暑いくらいだった。

「ほら、ここがリビングだよ!」

とひとつのドアを開けるなり、全身が気持ちよい日差しに包まれた。

あ、ここなら住める、という確信めいたものがわき上がってきた。ソファが置かれた十畳ほどのリビングがあり、その横のキッチンの窓からは木々が立ち並ぶ静かな中庭が見えた。家具もシンプルで、使いやすそう。

「こっちがベッドルームだ」

小さな部屋の窓からは、レンガの壁が見えてなかなか素敵だった。

聞いてみると、家賃は今まで見たどの物件よりも安い。私はすぐに、「ここに住みたいです！」と言った。

「だから言っただろう、こういった物件はめったにないんだ！　ユー・アー・ラッキー」

とカヴィはただの借り主のくせに、自慢げに言った。

「でも、オーナーは私を受け入れてくれるでしょうか」

「彼は細かいことを気にしない性格だから、大丈夫だろう」

カヴィはすぐにオーナーに電話をかけ、「若くてスイートな日本人女性だ、きっときれい好きだろう」的なことをフランス語で吹き込んでくれ、「基本的にはオッケー」となった。そして、彼がスウェーデンに戻る前日、つまりはクリスマス直前に入居することが決まった。

私は嬉しくて、嬉しくて、ひゃっっほう、と叫び出しそうだった。

かくして、一ヶ月半の部屋探しは幕を閉じた。

私は、休暇を申請し、日本行きのチケットを予約した。「もうホームシック？」と同僚には笑われたが、とりあえず日本の友人や家族とお正月を過ごしたかった。

そして、待ちに待った入居の日がやってきた。

噂通りに細かいことを気にしないオーナーらしく、入居はカヴィがオーナーに鍵を返し、その鍵をオーナーがほいっと私にパス、という儀礼的なものだった。部屋の掃除も点検もなく、カヴィが落とした髪の毛も、洗ってないバスマットもそのままである。

一刻も早く新生活に入るべく、そのままヴォルテール通りの部屋に戻り、スーツケース二つをタクシーで移動させることにした。ところが、その時点になってカヴィは「翌朝の便でスウェーデンに帰るから、最後にこの部屋で一泊したい、お願い！」と言い始めた。そんな大事なことをどうして今ごろ言い出すわけ、とムッとしつつも、その日は珍しく私は天使のように優しい人になっていた。そして彼はベッドで、私はソファで寝ることになった。翌朝、私がまだ寝ている早朝に、彼は空港に向かって出発した。

起きるなり、彼が寝ていたベッドのシーツをはがした。いやはや、これから掃除が大変だ……と思いながらも気分は最高だった。

キッチンには、カヴィからのメモが残っていた。

—メルシ、ボン・シャンス（ありがとう、そして幸運を）—

ようやく本当のパリライフが始まったのだ。

第二章 国連のお仕事

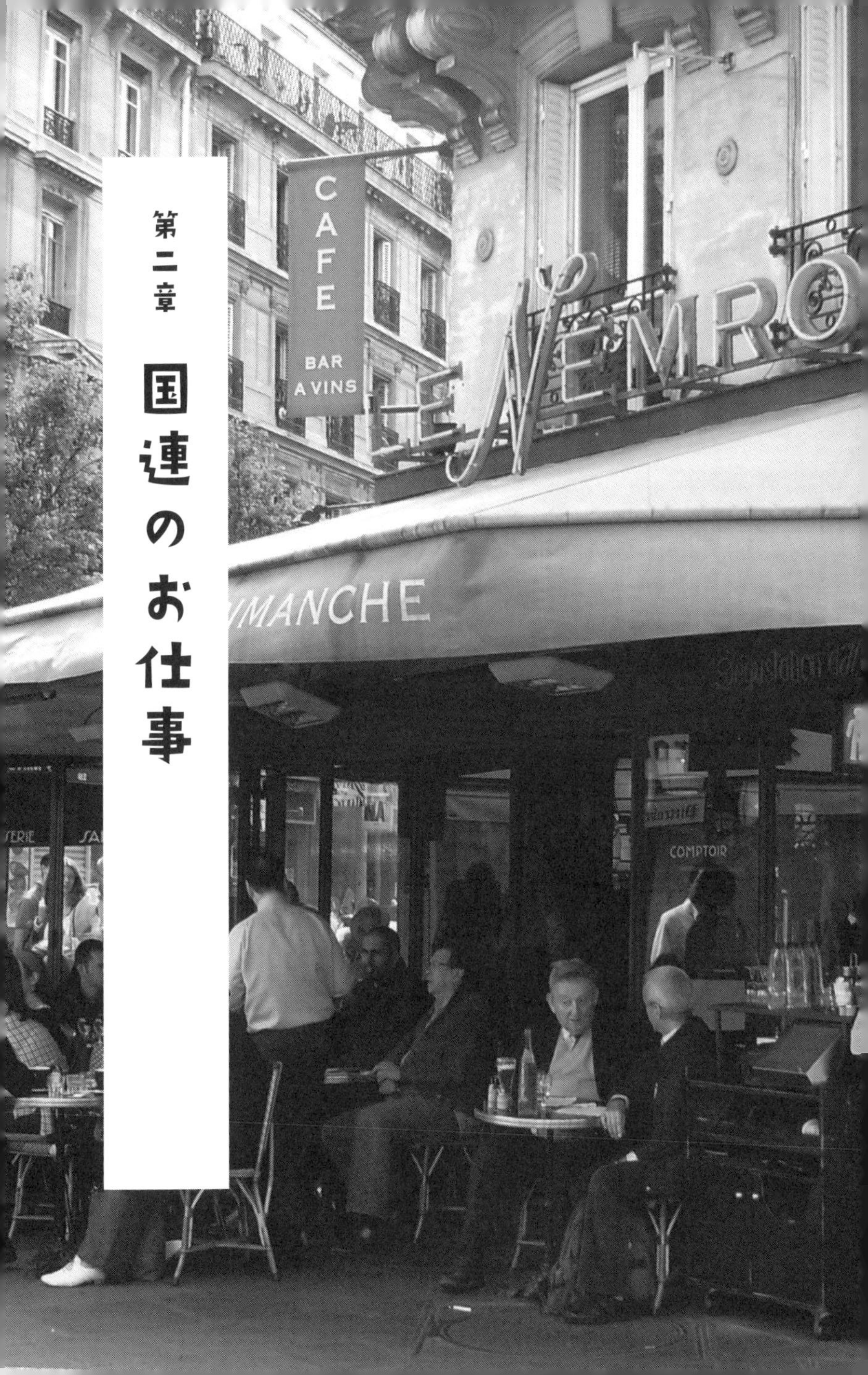

チーム必殺仕事人

二週間のお正月休みから戻ると、バイキング好きのオラフにコーヒーに誘われた。そして席に着くなり、「突然だけど、実はもうすぐ他の国連機関に転職することになってるんだ。だから教育セクターは君に託すよ」とのんびりとした口調で打ち明けられた。

「えー！」

どうりでやる気がなかったわけである。託すと言われても……。

何ごとにも大胆なミローシュも、「そりゃ、サッカーのビギナーをワールドカップに出場させるようなもんだな、う〜ん」（その後なんでもサッカーに例えて話をするのが癖だと発覚）と腕を組んだ。結局、フランス人のロホンと私が組んで、二人体制で教育プロジェクトに取り組むことが決まった。

改めてロホンに挨拶するために部屋を訪ねると、彼はいつものようにパイプを優雅にふかしていた。煙たさに任せて、「あれっ、部屋って禁煙じゃなかったっけ」と言うと、彼は不敵な笑いを浮かべた。

「あのね、フランスでは、ルールっていうのは守るべきものではなくて、努力目標なのさ。僕は今、努力中だ」

と、ふうぅと煙を吐き出した。そして、ところで君は「オヅ（小津安二郎）」と「ミゾグチ（溝口健二）」についてどう思う、と尋ねた。私が、どちらの映画も見たことがないと答えると、「ええ？　信じられない、キミ火星からでも来たの？」とトホホと首を振った。

＊

私たち二人には、大規模な調査プロジェクトがアサインされた。これは世界で展開されている様々な教育関係のプロジェクトの成果を把握するというもので、ドイツやエチオピア、ロシアといった世界七ヶ所からのデータを収集する必要があった。集めるべき情報は多岐にわたっていて、自分たちだけでは到底できない。そのため、私たちはまず七つの国ごとに小さなリサーチチームを作り、データを集めてもらう計画を立てた。落下傘部隊のイメージだ。私とロホンは、上がってくるデータや報告書を集約する本部司令塔で、必要とあれば現地にも飛ぶ。

与えられた時間は九ヶ月と、息の長い仕事だ。

しかし、いきなり未知の国でリサーチチームを作るのは簡単ではない。しかも、ここは個人主義の職場で、データベースも過去の記録もなく、自分のコネと能力で探してこないといけないのだ。それに加え国連の財政難は想像以上で、予算はけっこう小さい。ネゴシエーションはハードなものになることが予想された。

落下傘部隊の結成以外にも、各国にあるフィールドオフィス（地域事務所）への協力要請やスケジュール調整など、やることはたくさんあり、私はここにきて初めて「かなり忙しいな」と感じ始めた。しかし、ここはなんといっても究極のお役所組織。何をやるのも激しく大げさな展開になるから忙しいのだ。

例えば、「ビザ」問題。人々は何かにつけて、『ビザ』が必要だ」「急いで『ビザ』を取って」などと叫ぶ。文脈からすると外国に行くあの「ビザ」ではないようだ。最初はクレジットカードの「ＶＩＳＡ」、またはデリバリーの「ピザ」かと思ったが、それも変だ。どうやらこれは「上司の承認」や「決済」を意味するご当地用語らしい。

お役所組織では、予算執行の権限は上のほうに集中している。だから下々のものはなんでもかんでも「ビザ」を申請するハメになる。落下傘部隊の契約や、飛行機の手配もちろん、宅配便ひとつ送ろうとしても、「ビザ」が必要になる。そして権限が集中している上司は当然の帰結としていつも非常に忙しい。だから、下々の者は待っている時間が妙に長い。

「メモ」というのもある。「早く『メモ』を書かないと」などという使われ方だ。こちらは、上司、他の部署や、フィールドオフィスに何かを正式に依頼、連絡をしたい時に作成される、署名と通しナンバーを入れた正式文書のこと。メモは一度送ったら記録に残るので、「言った」「言わない」の行き違いを防ぐには有効だが、何せ記録に残ってしまうのでいい加減にも書けない。だから、どんな些細な内容でも時間をかけてじっくり文章を精査し、上司の承認である「ビザ」を取得。そして、向こうからの返信もまた正式な「メモ」が来るのを待つ。

「メモ」も「ビザ」もふつうの職場だったら、電話一本で「例の資料を宅配便で送っておきますね」「了解です」「そうだ、来月の半ばに、そちらに伺うんでスケジュール空けておいてくださいい」「了解です！」程度のやり取りで済むことだ。しかしここでは、こういった業務連絡にさえ二週間も三週間も要する。だから、私の仕事における座右の銘は、日本時代の「一心不乱」から、「心頭滅却すれば火もまた涼し」へと変化を遂げた。

＊

一緒にチームを組むと、ロホンはすごい切れ者だということが明らかになった。彼はフランス社会におけるエリートで、グランゼコール（超難関の高等専門教育機関）の卒業生で士官学校も出ている（それはすごいことのようだ）。そして、若くして大学の教員と国連職員の二重生活をしている。頭の回転が早く、スピーディに物事をこなしていく。日常話す内容も分析的で、「アメリカの映画館とかコーヒーショップで提供されるドリンクは、なぜ巨大なのか」というテーマで考察を披露してくれた。

「あれは、アメリカ政府の陰謀だろう。あんなに巨大なカップに入った甘い飲み物を目の前にしたら、幼少時に戻ったように感じる。市民を幼児の精神状態に戻し、考える力を奪おうという陰謀に違いない」

そんなロホンだったが、フランス人はまったく正規職員のクオータが余っていないため、ずっと臨時職員のままだった。そして、順番待ちの長い列を考えると今後も正規職員になれる見込みはほとんどない。だから、いきなり外からポンと職員になった私を見込んで、ある日、

「そうだ、お願いがある」と切り出した。

「君のその運を、どうか僕の娘に分けてやってくれないか」

クールでインテリに見えて、なかなかの親バカなようで、微笑ましい。その後、どういう神の計らいか、私と彼の娘の誕生日が同じであることと発覚すると、「まさに運命だ！　娘は、君と同じ星の下で生まれたんだ、やった！」と尋常ではない喜びようであった。

私は私で、ロホンの存在に心の底から感謝した。うちの部署を一歩外に出ると、そこには広大なバイリンガルの荒野が広がっている。前述の通り、ここは英語もフランス語も共用語。だ

から会議では一人が英語で話していたかと思うと、それに反論する人は「ごにょごひょ、ジュバトワトレムニュムニュ（フランス語のつもり）」などと長大な演説を始める。

そうなると私は、わかったふりして頷きながら「国際会議で活躍する私」という空想の世界に入り込むしかない。議論が一段落すると、ロホンがさっとポイントを教えてくれて、やっと会議についていくことができる。しかも、ロホンは大学で教えているだけあって、人前で話すさまも実に堂に入っている。だから、私は「ロホン、今の議論の展開はよくない気がする。ちょっと反論してみて〜」となんでも頼りきっていた。

ただし、英語で文章を書くことに関しては、私のほうが多少マシだった。彼の英語の文章は、ラテン語の影響をモロに受けていて装飾的で哲学的な言葉が山脈のように連なる。ラテン語とは逆に英語は、シンプルな語彙で的確に伝えることを美徳とする。だから私はよく彼の文章を添削し、ゴテゴテのクリスマスケーキのようなデコレーションを取り去った。そんな時、彼は「これも、幼児化現象をもくろむアメリカの陰謀なのかな」と不服そうな顔をした。

プロジェクトの進行が行き詰まったり、問題が生じたりすると、もちろん上司・ミローシュに相談にいく。すると彼は、経験に裏打ちされた的確なアドバイスをしてくれる。

「南米チームの作業が遅れているので、このアメリカ在住のメキシコ人に応援を頼むってどう思いますか？」（切羽詰まった私）

「どれどれ、履歴書見せて。この男？　うーん、これは、ロナウジーニョに柔道をやらせるようなもんだぞ！（＝すごい切れ者だろうけど、こういう分析は専門外だろう）」（ミローシュ）
「どうしよう、それなら、戦略部門に相談してみようかと思います」（困っている私）
「あいつらは今めちゃくちゃ忙しいから、『あっちで屌でもあげてろ』（＝おまえにかまっている暇なんかない）って言われるだろうね！」（ミローシュ）
「じゃあ、この部分だけでも、これこれこうして仕切り直してもらいましょうか」（真剣な私）
「それは、扇風機の羽根にクソをぶつけるようなもんだな！」（ミローシュ）
「羽根にクソって……？」（私）
「わかんない？　しっちゃかめっちゃかになるってことだよ！　わはは」（ミローシュ）

こんな感じで、私はガチガチの官僚組織に広がるバイリンガルの荒野で、愉快な上司や同僚に支えてもらいながら、少しずつ仕事のイロハを覚えていった。ミローシュ風に言えば、サッカーのオフサイドも知らなかった私が、たまにパスをもらったり、まぐれでシュートを打ったりできるようになってきた感じだ。

もちろんその後、私とロホンの間で「屌あげてろ」と「クソを扇風機の羽根に」が流行語になったのは言うまでもない。

国連ライフの昼と夜

フランス語ができないことは、むしろ職場より私生活において被害甚大だった。職場なら周囲に助けを求められるが、私生活でまで甘えるわけにもいかない。まずい、一刻も早くフランス語を覚えないと。

というわけで、国連が開催している週二回のフランス語講座に通い始めた。教室は同じ建物の中にあり学費も安い。なかなか合理的なシステムである。

フランス語だけではなく、国連公用語の六ヶ国語すべてを習うことができるので、趣味と実益をかねて習う人も多かった。国連公用語は、英語、フランス語、スペイン語、中国語、アラビア語、ロシア語である。例えば大きな会議や公的な文書は、この六ヶ国語すべてに通訳・翻訳されることになる。

フランス語講座に登録してみて驚いたのは、授業が十三〜十五時という職務時間の真っただ中であることだ。たぶん言語の習得も仕事の一環、という理想に燃えた考え方なのだが、ランチを食べて授業に出て、自室に戻ってくる頃には、すでに三時間は経過している。というわけで、授業のある日はもともと長くもない勤務時間がさらに短縮される。私は長年スペイン語を習っていたせいで、フランス語の発音がどうやってもスペイン語風に妙になまってしまい、先生に何度も注意された。そうやって、二時間も外国語を話した後は、すでに何かを達成した気分と疲労感で、まったく仕事に身が入らない。

そして授業は、「私は日本人です」「私はアメリカ人です」とか、「あなたはパリに住んでいますか」「はい、私はパリに住んでいます」というように、ほのぼのとしたスピードで進む。だから、習い始めたといっても実際には会話ができるわけでもなんでもなかった。

そこでネット翻訳にあらゆる場面で頼ることになり、その奇妙なフランス語を駆使した結果、次々と小さなトラブルに巻き込まれることになった。例えば、電話線を二本引いてしまい、そのうちの一本がフランス中かけ放題プランで一月百ユーロの一年契約だったり、銀行ではまったく不必要なマンションの頭金積み立てプランに加入してしまったりした。それに気づくのはいつも引き落としがあってからである。

その一方、新居での生活は快適だった。私は改めてこのブシコーの部屋が好きになった。真鍮のドアノブやホーロー製のシンク、曇りガラスが入ったドアといった部屋のディテールが美しい。家に帰ると家具や雑貨の配置を変えたりすることに夜遅くまで熱中した。週末になると、マレ地区の古道具屋やヴァンヴのノミの市、近所のマルシェ（野外の市場）を目指す。持ち帰る戦利品は、オリーブオイルの石けんやカビくさい写真集に古いクリスタルのグラスなど。

なんといってもお気に入りは寝室だ。それまでは、六畳一間にフライパンも枕も掃除機もサボテンの鉢植えも同居していたというのに、今は睡眠専門の部屋があるのだ。眠っているだけなんだから本来ならばどこでもいいような気もするが、別の部屋で洗いたてのシーツと暖かい布団が常に待っているなんて突然オトナになった気がした。

しかしそのうち、何かが足りないという気持ちが膨らんできた。

そうだ、お客さんだ。

いつも一人でいるのは、けっこうさみしい。私はそもそも来客が多い家に育ち、子どもの頃から大勢が集まる場が好きだった。今でも実家では、年末になると数十人が集まる忘年会が開かれる。どうやら、そういう家系の遺伝子が、「そろそろ客人を呼べ」と叫び始めているようだった。夕飯でも作って、数人を招待してみようかな。いつにしようかと考えていた冬の朝、ふと、そうだ、今日にしようと思い立った。さっそくソヘール、ステファニーをはじめ、周りの同僚たちに手当たり次第に「うちに飲みにこない？」と誘ってみる。

「いつ？」

「今日！」

すると十人ほどが「いいね、行く、行く」と気軽に返事をくれた。

いつもより少し早くオフィスを出て、ビールとワイン、ローストチキンを買い込む。バジルとトマトを手早くパンにのせ、ブルスケッタを完成させる。レタスやチコリでサラダを作り、数種類のチーズと生ハムを切って盛りつける。並べてみるとパーティらしい雰囲気になった。

やがて同僚たちは友人や恋人を伴ってやってきた。あっという間に十五人ほどになり椅子が足りなくなったので、直にカーペットの上に座ってもらう。英語にフランス語、そしてスペイン語が勢いよく飛び交い、乾杯のために何度もグラスがぶつかり合った。やっぱり誰かがいるっていいなあと思う。こんな寒くて暗い日は特にそうだ。

もしかしたら、みんな同じような気分だったのかもしれない。

みんな外国から来て、フランスでは異邦人という境遇は同じ。母国語ではない言葉を操りながら、家族やルーツと切り離された場所で仕事をしている。それに、この冷蔵庫のようなパリの冬。みんな、平気な顔をしながらも、どこか人恋しい気分だったのかもしれない。

平日だというのにワインが何本も空き、深夜十二時を回った。隣人のおばあさんが寝間着姿で戸口にやってきて、「うるさい！　パーティをするならば近隣に挨拶してからでしょ」と説教を始めた。「ヴェリー・ソーリー」と言いながらドアを閉じた瞬間に同僚たちは、「家はいいけど、お隣さんは厄介みたいだね！」と大笑いした。


その後、同僚たちも気軽に私を家に招いてくれるようになった。そして、ついに神に祈りが通じたのか、今度は日本やアメリカから友人が続々と遊びにきた。

「パリにタダで泊まれる場所ができた！　嬉しい〜」と率直すぎるコメントと共に到着し、短くて数日、長い場合は二週間も滞在していく。おかげでうちは人気の宿屋のような状態で、「その週はもういっぱいだけど、翌週ならば大丈夫だよ。あ、その前はアメリカ人が一人いるけど、バッティングしてもいいんだったら」などと、いつも予約の調整に追われていた。

＊

日本から来る友人たちには、「国連で仕事なんてかっこいいね」とか「面白そうな仕事だね」などとよく言われた。たぶん頭に浮かんでいるのは、ニュースに出てくる難民キャンプや病院なんかの光景だろう。もちろん、それは間違っていない。そういうギリギリの命の前線で働く人たちも大勢いる。ただし、そうじゃない人も大勢いる。例えば、私だ。なぜかといえば私は「本部」の人間だからだ。

体を張る国連の活動は、フィールドと呼ばれる「現場」で起こっている。彼らは常に爆撃や誘拐、怪我に病気の感染といった危険と隣り合わせで活動している。その一方で、私がいるような「本部」はプロジェクトの調整役なので、基本はオフィスワークである。文字通り「事件は現場で起こっている」わけだ。私だって、もっと早く国連の現場が見たい。しかし、そのチャンスはなかなか巡ってこなかった。

本部の私たちが日常戦っているものといえば、次々とわき出すネズミや、紙詰まりが直らないコピー機、存在自体が恐怖のフランス人の秘書たちくらい。もちろん本部の人間も出張で現場に出ることもある。しかし、まだ出張などない私にとっては、そういう〝現場〟はみんなと同じくらい想像の世界だった。

そう説明すると、友人たちは「なんだ、そうなの〜」と、ガッカリした顔になる。そんな時私は、いつも「でも実は本部でもすごいことが起こってるんだ」と、とっておきのエピソードを披露した。

「ついこの間のことなんだけどね……」

それは、カフェテリアでのできごとだ。ランチを食べていると、耳をつんざくような爆音が鳴り響いた。さっと緊張が走り、食事をしていた職員が一斉に振り向いた。すると、ラメ入りのビキニをつけた褐色の美女たちがせわしなく出現！　頭に偽パイナップルを載せている。その背後に続く数人の男たちは、首から大きな太鼓をぶら下げている。そして、太鼓を激しく叩きながら、リオのカーニバルみたいにサンバを奏で始めたのである。

パイナップルの女性たちは腰を激しく振り始める。フォークとナイフを片手に呆然とする聴衆を前に、太鼓はさらに激しく鳴り響き、腰の動きはさらに激しさを増す。その間なんの説明もない。そして、十分ほどでサンバカーニバルは唐突に終わり、みんな元来た方向に去っていった。なんだったんだ、今の。

これは、どうやら「文化の多様性」を啓蒙するための企画だったらしい。世界には色々な伝統文化があり、それを尊重しようというのがメッセージだ。それにしても、どう考えても唐突だろう。しつこいようだが、社員食堂に偽パイナップルとビキニである。まったく堅い官僚組織なのかと思えば、めちゃくちゃ柔らかい発想もあったりして、かなり奥が深いのだ。


とにかくここでは色々なイベントが年がら年じゅう開催されていた。例えば、年に一度の「スタッフデイ（職員の日）」。文字通り、スタッフをねぎらうことを目的とした日で、具体的には、朝から晩まで仕事をせずに飲み食いに勤しみ、快楽に身を任せて、親睦を深めようという日である。

朝はコーヒーとクロワッサンがタダで配られ、昼になれば豪華なビュッフェランチが振る舞われ、夜は夜で大パーティが遅くまで繰り広げられる。その合間には、職員による合唱大会や寸劇、ゲーム大会、映画鑑賞会などが開かれる。急ぎの仕事をしていると、「だめだめ、今日は遊ばないといけないんだよ！」「劇を見にいく時間だよ」などと誘われる。どうやら有志の職員による劇は毎年の名物なようで、みんなに「絶対に見たほうがいい」と熱弁された。

開始時間ぎりぎりに講堂に行くと、すでに会場は満員の熱気に包まれていた。

どんだけ人気なんだ!?

なんとか席を見つけて腰かける。ブザーの音で幕が開くと、一人のワンピース姿の少女が舞台の中央に立っていた。

女の子は、「大変、上司に急いで『ビザ』をもらいにいかないと」とエレベーターに乗る。物語の舞台は、この国連ビルらしい。すると竜巻が起こって、気づけば見知らぬ階にたどり着いてしまう。察するに『オズの魔法使い』のドロシーだ。

「ここはどこですか？　私にはビザが必要なのです。ヘルプ・ミー！」

と言いながら、書類を守ってドロシーがさまよう。目の前に現れた扉を開けると、そこには年老いた男が座っている。「俺は、三十年も国連インターンをしている『インターン国の王様』だ。ヒヒヒ。オマエも俺のようになりたいか〜」

恐ろしくなったドロシーが逃げ惑い、次の扉を開けると、今度は変な言葉をしゃべりながらがなり立てる魔女たちがいる（彼女たちは、怖い秘書に似ている）。ドロシーはまた逃げる。次から次へと魔窟のような部屋を通り過ぎる中で、「一緒に上司のビザを取ろう！」という仲間を見つけ、手に汗握る一大アドベンチャーを繰り広げるというストーリーだ。

私はポカンとして隣に座っていた同僚に言った。

「これって、現実そのものじゃない」

シュールすぎるその演劇は、三ヶ月前から有志の職員が脚本や衣装を準備して、日夜特訓に励んできたものらしい。最後のカーテンコールに脚本家が現れると、「ブラボー」という声援と拍手に包まれた。

他にも、国連らしい世界を股にかけたイベントもあった。ある時、ソヘールがランチタイムにジャージとスニーカー姿に着替え、「昼休みに走る」と宣言。ダイエットでも始めたのかと思ったら、「国連オリンピックに出場するから」とのことだった。

なんじゃそりゃ？

話を聞いてみると、年に一度世界中に散らばる国連組織、例えばユニセフや国連難民高等弁務官事務所などの代表チームがどこかに集まり、数日間にわたって大運動会を開くという牧歌的なイベントだ。その年の開催場所は地中海のマルタ島で、競技は、陸上やテニス、サッカーなど多岐に渡る。それぞれのチームは公園で練習を重ねて本番に備える。

「組織対抗だから頑張らないと。打倒ＦＡＯ（国連食糧農業機関）！」

などと叫び、ソヘールは飛び出していった。

運動会に出るための旅費の半額も通常予算で賄われるという話である。

そんな感じで、いつでもどこでもイベントやパーティが企画されていて、いちいち出席しているとせわしいことこのうえない。

事件の推理と国連パスポートのミステリー

地球規模の問題を解決し、人類の平和を取り戻すべく働く国連職員たち。彼らはしばしば、国連の限られた予算の使い道に関して、激しい言い争いをした。

ことの発端は、万年ダイエッターのルイーズの転職だった。ルイーズは腰の持病があり、「こんな椅子に座っているから腰が痛くなった。人間工学に基づいた椅子を購入してください」と医者の診断書を手に、上司・ケンにかけ合ったことがあった。彼女の主張は当然である。ここにある椅子といったら第二次世界大戦後に作られた本物の「ミッドセンチュリー」。形や色は奇抜なのだが、座面は硬く、背もたれは不自然な角度で、座り心地は最悪である。ふつうなら、一日中座っていられるような代物ではない。彼女の直訴は受け入れられ、人間工学に基づいて設計された高級ハイテクチェアを手に入れた。事件はその後である。

彼女が転職する際、シャーロック・ホームズのロホンに椅子を譲る約束をした。ルイーズが去るのと同時にロホンは椅子をすばやく自分の部屋に移動させ、ランチを食べにいった。ランチの後は、劇的ビフォーアフターな快適ライフが約束されているはずだった。ところが、なんということでしょう。彼が戻ると、その椅子が蜃気楼のごとく消え去っていたのだ。

「ねえ、ルイーズからもらった椅子を見なかった？」

ロホンは、血相を変えて私のオフィスに飛び込んできた。

「知らない。もういらないと思って誰かが持っていったんじゃない？　あの椅子、とってもいいもんね」

「冗談じゃないよ。ぼ・く・が、もらったんだ。取り返さないと！　手伝って！」

彼の剣幕に押され、一緒に同僚たちの部屋を次から次へと確認していった。大きなものだから簡単に見つかるだろうという予想は外れ、捜査は難航。この部署のどこにもない。これは、面白いことになった。

「ロホン、いったん整理しよう。犯人は今日ルイーズが退職するって知っていた人。そして、さらにロホンが自分の部屋に椅子を移動したことを知っていた。このフロアのどこにもないだろうから、他の階の人だろうね。でもさあ、別の階にそんなうちの部署の動きに詳しい人がいるかしら。あ！　そっか、この階に共犯者がいるのか。これは、本物のミステリーだね！」

すると、パイプをくわえたホームズが囁いた。

「いやいや。まだ一部屋だけチェックしてないオフィスがあるじゃないか、わからない？」

あ、そうか。言われてみれば、大ボスのケンの部屋だけは見ていなかった。

「うーん、確かに。でも、さすがに部下の椅子を取ったりしないでしょ。予算を管理する立場なんだから、欲しければ買えるし」

そういう私の推理も終わらないうちに、ロホンは大股でボスの部屋に向かい、ずかずかと入っていった。

「あった！」

果たして、ボスはその椅子にちょこんと座っていた。

「エクスキューズ・ミー、ケン。その椅子なんですが、これは僕がルイーズから譲り受けたものなんです」ときっぱりと告げるロホン。おお、上司を前に堂々としていてかっこいいじゃないか。

「いや、私は前々からルイーズの椅子に目をつけてたんだ」と動揺しながらも椅子から下りない上司。

「そんな！　もうひとつ買えばいいじゃないですか！」

「予算がない！　だいたい君のものだと誰が決めたんだ。だったら事前に申請を出しなさい！」

「僕もルイーズみたいに腰が悪いんですよ」

「私なんか二十年前からずっと悪い！」

目の前で、上司と部下の熱い議論が始まった。

こんな時、ある言葉を思い出す。

—何百万という人類の滅亡よりも、自分の小指のけちな痛みのほうが心配なものだ（イギリス人の評論家）—

うん、彼は正しい。やっぱり世界の平和よりも、自分の椅子だよね、と感慨深い思いで自室に戻った。というわけで、切れ者のロホンも、椅子をめぐる下克上には失敗したのであった。

＊

一方のプロジェクトのほうは、まあまあ予定通りに進展していた。例の落下傘部隊がデータ収集を始めると、自分たちの目でも現場を見るべく出張に出かけることになった。最初は、いちばん近い現場のドイツを選んだ。

「ようやく国連パスポートを使う機会が来た！」と私は喜んだ。しかし、「ドイツはＥＵ圏内だし電車で行けるから、パスポートチェックもないよ」というロホンの一言で夢は潰えた。え〜、がっかり。

「国連パスポート」とは、国連職員用のパスポートのことである。水色の表紙に国連のロゴが金箔で印刷されている。正式名称は「レセ・パセ」で、直訳すると「通過させてあげてください」という意味だ。つまり、国連職員が滞りなくスピーディに各国に出張するためのアイテムだ。自分の名前が印刷されたパスポートが支給された時、言いようもなく感動を覚えた。これでいろんな緊急オペレーションに参加する自分を想像していた。

ところが、事態はそう単純でもなかった。ドイツから帰ってきて、「次はロシア出張に行って」とミローシュに言われた時のこと。ロシアはＥＵ圏外、今度こそ国連パスポートの出番である。

「これさえ見せればスイスイでイミグレーションを通過できるんですね！」

「いや、それが違うんだ。ロシアの場合は、事前にビザの申請はしないといけないんだよ」

「えっ、そうなんですか。それじゃあ、緊急オペレーションの時には意味がないじゃないですか」

「ロシアは特に厳しいからね〜」

肩すかしを食らった気分でロシア大使館にビザを申請しにいく。窓口で国連パスポートを出すと、係員は「何これ？」と首をひねった。そして、ひとしきりひっくり返したあと、「リアルパスポート（本物のパスポート）出して」と冷たく言われた。

混乱しながら今度は日本のパスポートを出すと、「そう、これこれ」という感じでようやくビザの申請を受理してもらえた。

職場に帰って「国連パスポートはそもそも受け付けてもらえなかった」と文句を言うと、同僚は笑いながら、「そう、ロシアだけじゃなくて、アメリカやフランスも国連パスポートが使えないんだ」と教えてくれた。

「え〜、そうなの!?」

ただし、その他の国では国連パスポートは使えるらしいので、その三ヶ国がむしろ特別にセキュリティに厳しいようだ。

しかし、ロシアに、アメリカに、フランス。

考えてみれば、これって全部国連の常任理事国じゃないか。常任理事国とは、第二次世界大戦の戦勝国で、アメリカ、イギリス、フランス、ロシア、中国の五ヶ国。国連安全保障理事会の決議を拒否することができる、という優位な立場が恒久的に国連憲章で保障されている国々である。拒否権を発動して国連を牛耳っていながら、国連パスポートを拒否しちゃうなんて……と国際政治の複雑さを垣間見た気分だった。


その後ソヘールとコーヒーを飲んでいると、彼女はこう言い出した。

「私が思うには、レセ・パセなんかよりいくつかの国のパスポート持ってるほうがよっぽどいいわよね」

「えっ、そうなの？　じゃあ、ソヘールはいくつもパスポート持ってるの」

「私はアルジェリアとフランスの二つだけ」

「え！　すごーい！」

「えっ、じゃあ逆にアリオはパスポートをひとつしか持ってないの!?」

そ、それがふつうじゃないのかな、と思いながら頷く。

「まあ〜！　ひとつしかパスポートがないなんて、よっぽど日本の政府を信用してるのね。日本に何かあったらどうするの？　不安じゃないの？」

「えっと……」

「他の人もだいたい二つくらい持ってるんじゃないかしら」

すぐに私は調査にかかり、周りの同僚に聞いて回ると、なんと半数ほどの同僚が二つ以上のパスポートを持っていた。例えば、ミローシュはセルビアとオーストラリア、別のインド人の同僚はカナダのパスポートも持っている。みんな戦争やクーデター、内戦なんかを経験していて、「政府は身を守ってくれない。身を守るのは自分だけ！」と口を揃える。さらに、ミアリという教育セクターの女の子は、マダガスカルとイギリスのパスポートを所有し、「それに香港の居住権も持ってる」とさらりと言った。すごいね、と感心していると「ぜんぜん、うちの兄なんかもっとすごいわよ。インドネシア人と結婚しているので、インドネシアにも住むことができるんだから」

私は、ソヘールにパスポートの数量調査の結果を発表した。

「結論！　い、今まで別に不安じゃなかったけど、なんか不安になってきた〜！　私も別のパスポートが欲しい！」と言うと彼女は真剣に「今からとなると、現実的には結婚か、移住かしらね」と頷いた。

なるほど。

私たちはしばし、私がどうやって二つ目のパスポートを獲得できるかをブレストした。

ただし日本政府は二重国籍を認めていないので、日本人は日本のパスポートしか持てない、ということに気がついた。非常に残念である。

巨大なアート作品

まだ寒いとはいえ、春になるとパリは一日ごとに輝きを増した。新緑の影と花の色が濃くなり、自然と足が外に向く。週末に何も予定がないと、それはそれで贅沢な気分になった。朝食は、珍しいチーズを使った贅沢なオムレツや、焼きたての温かいバゲットを食べる。お天気がよければ、そのままジョギングに出る。目的地はパリの西端にあるアンドレ・シトロエン公園だ。広い芝生に熱帯植物の温室、そして涼しい木陰があちこちにあり、目的地にはぴったりだった。

その後はパリの街をでたらめに歩いた。サン・ジェルマン・デ・プレ近辺に点在する小さな本屋さんやギャラリーを巡ったり、モンマルトルの急な階段を昇ったり。

私は、この街が好きになってきていた。それはただ美しいからではなかった。パリは、とても人間的な街だった。多くの場所に歩いていけて、人々は路上で議論をしたり、けんかしたり、歌ったりしている。一日が長くなるにつれ、通りにはギターを抱えたストリートミュージシャン、セーヌ川沿いには日光浴やピクニックをする人が増えた。いつも何かが路上で起こっている、そんな街に見えた。

この頃には、一人でカフェに入ることにも慣れ、テラス席で温かいカフェオレを一口飲むと幸福な気持ちで満たされた。パリは一日ごとによそ行きじゃない街になっていた。

しかし、パリというのはさすが「恋の街」だ。一人で歩いているとかなりの確率で声をかけられる。そして、その声のかけ方がなんとも、変態的なのである。

「君の靴が汚れているのがどうしても気になる！　お願いだから僕に靴を磨かせてくれ！」

「おお、君の目の下の黒いクマを見ると、昔の恋人を思い出すよ」

とかそんな感じだ。もしかしたら電撃的な恋に発展するかもしれないとしばし相手を観察してみるのだが、下心丸出しの親父ばかりなのが残念である。

ギャラリー巡りやショッピングにも飽きると、スクワットに寄ってみた。最初は洋介に会いにいくような感じだったのだが、だんだんと変わっていった。たぶん私はアーティストが絵を描いたり、彫刻を彫ったりする姿を見るのが好きだったのだ。

恐る恐る大きな入り口ドアを開けて中に入っていく。七階建ての建物の中心を螺旋《らせん》階段が貫いている。ひとつの階には五、六ほどのアトリエがある。どのアトリエもたくさんの作品やおかしなガラクタや画材であふれていた。誰も彼もが新たな作品を制作していて、「お邪魔します」という気分だ。

そっと空いているスペースに腰を下ろす。

彼らの作品は、だいたいにおいて意味不明で、時に暴力的で時にエロティックなのだが、結局はアート作品であるというある種の平和さがあった。幾何学模様を無限に描いたり、破れた傘に言葉をペイントしたり。

三階には、「イゴバルーミュージアム」という部屋があり、マネキンや壊れたカバン、路上サインなどあらゆるガラクタが天井までぎっしりと詰め込まれている。すべてパリの路上で拾ってきたもので、文明が生み出す巨大な無駄なもので構成された「作品」なのだそうだ。この作品は、アートとしての価値が認められ、ドイツの美術展にも出品したことがあるそうだ。とにかく、それらは心の奥底に渦巻いているものが噴出する出口そのもので、自分を表現したいという欲望に満ちあふれていた。

ここにいると、なぜかノスタルジックな感情にあふれた。小学生の時に初めて描いた油絵。近所の人から借りたビデオカメラで作ったSF映画。中学生の時に書いた奇妙な青春小説や漫画。そうだ、高校生の夏休みには、「ロケ」と称して、みんなで一泊旅行をして映画を作ったっけ。だから私は大学で芸術学部に行ったんだ。あの頃は、いつも作りたいもの、書きたいことがいっぱいあった。

私はいつから、ああいうことをやめてしまったのだろう。

アーティストたちは人なつっこく、すぐに話しかけてくれる。そのうち一人、二人と顔見知りが増えて、私の姿を見つけると声をかけてくれるようになった。

「サヴァ（元気）、アリオ？　ワインでも飲む？」

いつの間にか私もワインのボトルを持って訪問するようになり、あっちこっちのアトリエに寄り道をした。洋介は、「あっちゃんがみんなと仲よくなってくれて最高だなあ！」と喜んでいた。

「スクワットは本当にヘンなところだからさー、ここのことを何かに書くといいよー」と彼は勧めた。私が文章を書くのが好きだったことを覚えていてくれているのだ。きっと彼の頭の中では、私は大学生の頃のままなんだなと思った。

「いいかもねー、そのうち書いてみようかな」と答えた。


ここでは、誰かがワインを開けると、上からも下からも人が蟻のように群がってきて宴会に突入する。いつもすぐにお酒が足りなくなり、ワインを買いにいく人あり、東欧の怪しいリキュールを自分のアトリエから持ってくる人あり、おかしな踊りを繰り広げる人あり、「ビミョウダナア！」と日本語の叫び声が上がったりと狂った夜となる。

辺りが冷えてくると、「ブルーノ」と呼ばれる男の部屋に移動した。スクワットのリーダーである彼の部屋には暖炉があるので、寒くても快適だ。そのせいか彼は冬でもオーバーオールに素足にサンダルといういでたちである。

「バジリオ、薪！」と叫ぶとどこからか大柄な男が現れ、斧で薪を割り始めた。男はすでに酔っぱらっていたので手元が狂い、がーんと振り下ろしたかと思うと床板を割って穴を開けてしまった。ブルーノは呆れながらこう言った。

「でも、バジリオはすごいんだよ。こいつのおかげでタダで電気が使えるんだから」

彼らは、家賃はおろか電気代も水道代も何年も払ってないんだそうだ。

私はすっかり感心しながら「ねえ、ここっていつからこんな風になったの？」とブルーノに聞いた。「ええと、いつだったかな」と彼が首を傾げた。誰かが「一九九九年！　前世紀の終わりの年だ！　ミレニアムだ！」と叫ぶと、他の人は「イエーイ！」と乾杯した。

＊

廃墟と化していたこのビルを占拠したのは、カレックス、ガスパール、ブルーノという三人組だったそうだ（その頭文字を取って自分たちで「ＫＧＢ」と呼んでいる）。彼らはもともと貧乏アーティストだった。三人はある日「こういうところが俺たちのアトリエだったらいいよな。考えてみりゃあ、ここは誰も使ってないみたいだぜ、もったいない」と盛り上がった。

ある夜中、本当に窓から忍び込んだ。

中に入ったとたん正面玄関に直行し、すぐに元の鍵を壊して、新しい錠前をつけた。

「鍵を取り替えることは重要な第一歩なんだ！　そうするともうオーナーも中に入れないから、『占拠確定！』になるんだよ」

と学校の先生のようにマジメに話した。

次は掃除だ。大量の鳩の糞や置き去りにされていたガラクタを掃除し、壁にペンキを塗ってきれいにして、人が住める状態にする。そこまでに一ヶ月くらいかかった。

「ただ何が困ったかって、電気や水道がないことだったんだ」

そんな時、一人の大男がブラリと建物に入ってきた。大きなサングラスをかけた男を警戒した三人は「おまえ、誰だよ。出ていけ！」と怒鳴ったところ、「俺はバジリオだ。ロシア人だ」と名乗った。バジリオは電気、水道工事の技術を持っていた。しばらく工事をして、見事に電気と水道を不法に通してみせた。その功績が認められ、この集団に迎えられた。

そして、この段階で「建物は不法に占拠された」と巨大な垂れ幕を最上階の窓からかけた。すると、あちこちから流れ者のアーティストが集まり、占拠者の人数は瞬く間に増えた。ここは、リヴォリ通り五十九番地にあることから、いつしか「59リヴォリ」とか、不法占拠を意味する「スクワット」とか呼ばれるようになった。

その後「59リヴォリ」は市民や政治家、メディアを巻き込んだ一代論争の種となった。世論は彼らを追い出せという保守派と、アーティストの権利を守れという急進派に分かれた。面白いのは、この騒ぎの間ずっとこのアトリエを一般公開していたことだ。珍しいことが大好きなパリジャンの間で話題の観光スポットとなり、パリで三番目に来場者の多い現代美術館といわれるほどの人気となる。家主に訴えられた彼らは、長い法廷闘争（アーティストたちは弁護士代を自分たちの絵で払ったそうだ）と政治的なかけひきの末に、ここに半永久的にアトリエを構える権利を奇跡的に獲得したのである。もともとの家主への補償としてパリ市が使った税金は数億円だが、大勢のパリ市民はそれを歓迎したという。

「すごいね。そうやってみんなが集まって、今ここがあるんだ。じゃあ、このスクワット自体が巨大なアート作品みたいなものだね」

そんな場所の心臓部に自分がいることが不思議だった。

「ねえ、あっちゃん（私のこと）も、ここに呼ばれちゃったのかもね。ここにいる人はみんなそうなんだよ」

と長いお下げにオーバーオール姿の女の子が元気に言った。赤毛のアンみたいな少女の雰囲気を残した日本人女性だ。人は彼女を「エッツ」という変わったあだ名で呼んだ。エッツはブルーノの恋人で、二人は一緒にこのスクワットの中で暮している。彼女自身もアーティストで、キャンバスの中には鳥やパリの風景、不思議な顔をした人間たちが鮮やかな色彩の重なりの中で描かれている。洗練さと稚拙さが同居しているような独特の絵だ。その絵は、パリのいくつものギャラリーで取引されているという。

「呼ばれるように……」という彼女の一言は、正しかったように思う。確かに私はここに強烈に惹かれていた。

地球の反対側のできごと

さて、再び舞台は国連である。地球のあちこちでは、落下傘部隊が無事に仕事を進めていた。データ収集が順調に進んでいる限り、本部はしばらくのんびりできる。次の展開としては、ロシアや南米に視察に行き、そこで何も問題がなければ、あとは報告書が来るのを待てばいい。

パリに来て、五ヶ月。公私ともに順調に回り始めたように見える中で、気がかりなことがあった。母から電話があり、父が急に体調を崩したと知らされたのだ。検査の結果によれば、病名はどうやら癌。

「ガン」という聞き慣れない言葉を私はうまくのみ込めず、「それ、大変なことなんじゃない」というマヌケなリアクションをするのが精一杯だった。

「そう、大変なことなんだよね」と母も棒読みで繰り返した。「でも初期みたいだから手術で取れるんじゃないかって」

「じゃあ、治るの？」

「うん、たぶん治るんじゃないかな」

どこまでも、ぎくしゃくとした会話だった。

だって、お正月に帰省した時、父はお雑煮をおかわりして、箱根駅伝で大騒ぎをしていたじゃないか。あんなに元気な父が、ガンというのはまったくピンとこない。きっと母も妹も、そして父自身も同じ気持ちだっただろう。え、本当に？　と半信半疑のうちに、父はもう入院させられた。

もともと父・寅幸《とらゆき》は、まったく病気になりそうにない男だった。

福井県の漁師の家系に生まれたが、船や漁があまり性に合わず、十七歳で家出。大阪のガソリンスタンドで働きながら専門学校を出たというなかなかの苦労人だ。

卒業後は東京に出て、何もないところから会社を興した。バイタリティがあふれすぎているのか、朝六時には起床する。別に何時に起きようと自由だが、家族で一人だけ朝が早いから退屈なようで、「大変だ、大変だ、起きて！　起きて！」と大騒ぎして（大変なことは何もない）、家族中を叩き起こしてから仕事に出かけた。そして、帰宅はいつも深夜である。それは経営者として忙しいからというより、むしろ遊ぶことに大忙しだったようだ。夜中に流しのギター弾きを連れて帰ってきたり、家族にも言わずに突然に海外に行ってしまったりと破天荒な行いの連続だった。そうそう、ブラジルから日本語もまったく話せないブラジル人の女性を家に連れて帰ってきて、「あとはお願いね」と、本人はさっさとブラジルに戻ってしまったこともあった（その女性とは一ヶ月ほど同居したように記憶している）。

むちゃくちゃな人だったが、性格はとても優しかった。怒ったり、人に意地悪をしたりすることはまずなく、「ホトケの寅」と自画自賛するほどだった。そんな万年躁状態の男なので、会社のほうもここ数年は大もうけしたり、騙されて崖っぷちに立たされたり。それを反映して、家も裕福になったり、火の車になったりと慌ただしい。つまりは、一言で言えばとにかく人生を謳歌している人であった。

「なんでこんなタイミングで病気に……」と心が沈んだ。

海外暮らしの中で、いちばん嫌なのが家族の病気だ。おいそれとは顔を見にいけないし、看病はおろか家族会議にもロクに参加できない。

でも、今やガンは早く見つかれば治る病気だって聞くし。まあお医者さんが大丈夫と言うのならば大丈夫なのだろう、と私は自分に言い聞かせた。

＊

調査研究プロジェクトの合間にも、よく内部の雑務を頼まれた。朝、トントンというノックと共にミローシュが現れ、「ちょっと手伝って」と言うのが合図だ。

その朝は、彼の机の上には山積みの履歴書があった。オラフの後釜を公募にかけたところ、世界各地から六百通の履歴書が送られてきたのだそうだ。そこから試験や面接に呼ぶ十人ほどまでに一気に絞り込む。語学や学歴は一定の基準を満たしているのか、この仕事に充分な知識や経験を有しているのかを履歴書と「志望動機」から判断する。

「地下の会議室を予約したから、今日からカンヅメ作業だ」

と彼はうんざりしたような顔で言った。カンヅメなんて大げさだな、と思った。

しかし、やってみるとこれは、実に骨の折れる作業であることがわかった。何せ、一日中薄暗い部屋で人生が凝縮された紙の束と向かい合うのだ。たかが紙、されど紙。そこから強く「雇って！」というエネルギーを発している。そもそも、キルギスタンやエクアドルの大学名や企業名を見たところで、その優劣はまったく判断がつかない。ペルシャ語ができる人とスワヒリ語を操れる人ならばどっちを残すべきなのか。大きなＮＧＯと、国際監査法人ならば？

自分の判断ひとつでよくも悪くも他人の人生が変わってしまうので、こちらも真剣に見ないといけない。行き詰まるたびにいちいち調べたり、考えたり、周囲の人に聞いたりしていると、いくら時間があっても足りない。そんなこんなで、数時間も経つと、ぐったりと疲労感に襲われた。

しかし、「志望動機」のほうは、いわゆる作文なので、読み応え満点だ。

自分はまだ職務経験は浅いと思いますが、他の年寄りなんかよりやる気も体力もありま

す。何しろ今は毎日ハンバーガーの肉をひっくり返しているのですから
(ファーストフード・チェーンで働くアメリカ人学生)

今無職で暇だったので家でインターネットサーフィンをしていたら、この募集見つけて、どうせ自分なんか駄目だろうと思いながら応募しています。
(履歴書からは何をしているのかわからない男性)

とかいうのは、まだマシなほうである。読んでいると人生の哀切を感じさせるものもあった。

英語を教えているんだけど、もうわがままな生徒にうんざりで、疲れました。
(南米　教師　五十歳)

私の祖先にフランス人がいたと両親から聞いています。でもまだフランスに行ったことはありません。もし貴方のところで働いたら私の子どもたちにフランスを見せてあげることができるのです。私の人生の夢をかなえてください。

（ベトナム人）

さらには、こんなものまであった。

最近、国際免許取得したのでパリでも運転できるようになったので。国連で働いて、世界中を旅したい。ただし、マダガスカル以外！　一度行って殺されかけたんです!!!

私は今まで、ＣＩＡ、ＦＢＩ、そしてシークレットサービスでも働いていました。ビル・クリントンを暗殺から守ったのも自分です。ロシアのスパイを捕まえたこともあります。あなたの部署の安全を保障します。

これ、全部ほんとの話である。世界は広いなあと薄暗い会議室で物思いにふけるのであった。

＊

仕事の間も、入院中の父のことはいつも気になっていた。ちょうど父は、携帯メールを覚えたばかりだったので、よく「どうしてる?」とメールを送った。すると、「おすしたべたい」「検査ばっかりであきた」などとマメに返信をくれた。「どういう手術をするの?」と聞くと、「ようするに、内蔵をごっそりとるんだよ」という父らしい適当な答えもあった。変換ミスだらけの短い返信ばかりだったが、携帯メールは私と父をつなぐ一本の糸だった。

そして、あっという間に手術の日がやってきた。手術の直前に、父の携帯に電話してみる。すると、本人が出て、「大丈夫も何も、もうまな板の上の鯉だよ!」と笑った。手術は日本時間の朝で、パリは深夜だった。私は寝室でウトウトしながら母からの電話を待っていた。数時間後に電話があり、「手術は成功した」と聞かされた。すべての病巣を取りきって、あとは術後の回復を待てばいいらしい。

やったあ! 私はすっかり安堵した。

数日後、父を元気づけるため、一週間の有給を取ってお見舞いにいくことにした。「父が病気なんです」と言ったら、誰もが「お大事に」「早く回復するといいね」などと快く休暇に送り出してくれる。遠く離れているものの、こういう職場で働けるのはとてもラッキーだと思った。

父の病室に入った瞬間、「あれ」と思った。あのトラユキがなんだか静かすぎる。父は、いつも喜びのリアクションが大きい男で、私を見たらきっと「お姉ちゃん！（父は私をこう呼んだ）」と大喜びするだろうと勝手に想像していた。しかし、実際はうつろに「ああ、来たの」と小さな声で言っただけだった。顔はむくんでいて、目はぼやっと濁っている。考えていたよりずっと具合が悪そうに見え、ひどく動揺した。

こりゃ、いつものトラユキじゃない。こんなんで、大丈夫なのだろうか。

いや、あれだけの大手術をしたんだから、ぼんやりしてるのも当たり前なのかもしれない。きっと強い薬の影響とかもあるんだろう、と自分を納得させた。

数日が過ぎた頃、ちょうど病院の目の前にある目黒川の桜が満開になった。あれだけハイパーな父だったから、きっと外に出たいだろうなと私は思った。

「お父さん、桜を見にいかない？　ずっと病室にいるのも退屈でしょう」と誘うと父は、あまり行きたそうではなかった。そんな父を車いすになんとか乗せて、病院の入り口まで行くと桜の花びらが道いっぱいに舞い散っているのが見えた。夜風が寒かったようで父は、一分もしないうちに弱々しく「もう帰りたい」と言った。何もかもが父らしくなくて、ただ早く元気になってほしいな、と思った。

パリに戻る日、空港にいると父から一通のメールが来た。

「お父さん、頑張るよ。だって、死ねないじゃない。お姉ちゃんが事務局長になるのを見るまではね、フフフ」

＊

パリに戻って一ヶ月ほどが経ち、いつものように母と電話で話した。最近の父は新聞を読んだり野球のナイターを見たりしていると聞いていたので、私はてっきり、「だんだんよくなってきてるよ」と言うと思っていた。ところが母の声は静かにこう響いた。

「お父さんね、もうしゃべれなくなっちゃったの」

「しゃべれないって、どういうこと？」

私は心臓がぎゅうっと締めつけられるような感じがした。

「息が苦しいって言い始めて、肺が炎症を起こしてるんだって。それで人工呼吸器に切り替えたの」

人工呼吸の間はずっと薬で眠っている状態だという。

それが意味するところはよくわからなかった。待っていれば回復するのか、それともこのまま少しずつ悪くなっていくのか。ただ、今とても具合が悪いことだけは、確かなことだった。

私は電話を切ると、ベッドの中で丸まった。

父に会いにいかなくては、と切実に思った。でも、それはできないこともわかっていた。ちょうど翌週からロシアに出張にいく予定だったからだ。初めて手がける大型の仕事で、待ちに待った本格的な出張だ。

それに、この間すでに一週間も休んだのに、また休むなんてやっぱりできないよなあ。自分はどうしてこんなに遠くに来ちゃったんだろう。

翌日、データ収集の状況を報告するために、ミローシュの部屋に行った。ロシア出張を控えていたので、いつもよりも念入りに調査の段取りを相談した。

一通りの打ち合わせを終えると彼は、

「お父さんの具合はどうなの」

と挨拶のような気軽さで聞いた。「だんだんよくなってます」という答えを期待していたのかもしれない。私は、言葉に詰まりながら、「ノット・ソー・グッド（あんまりよくないです）」と答えた。

「どういう意味？」

「よくわからないけど、手術からうまく回復してないみたいです」

と答えるのが精一杯だった。私は言葉をなんとか絞り出した。

「今は人工呼吸器につながれているので、話ができない状態です」

「……アリオ、君は日本に帰るべきだ」

彼にしては珍しく真剣な表情になった。

でも、この間お見舞いにいったばかりだし、来週からはロシアに出張もあるので……、私が行けない理由を並べ立て始めると、彼は会話を遮ってはっきりと言った。

「リッスン（聞いて）。出張なんかどうでもいいんだよ。人生では家族のことのほうが仕事よりもよっぽど大切だ。出張は代わりにロホンが行けばいい。君が行くところはモスクワじゃなくて、日本だ、わかった？　心配しないですぐにでも出発してくれ。お願いだから」

私は初めて仕事場で泣いてしまった。

その二日後には、私はもう病院に戻っていた。父は想像以上にひどい状態で、明らかに危篤だった。手術前はあんなに太っていたのに、今はげっそりとやせこけていた。浮き出た頬骨が痛々しかった。人工呼吸器の機械的な音が一定のリズムで病室に響いている。病室は看護師さんの詰め所横の集中治療室に移され、大型の機械が父の心拍数を絶えず映し出していた。それだけでもう危険な状態なのだと思わせた。

昏睡状態の父親を前に、私、母と妹はずっと話し続けていた。何かを話していないと身がもたなかった。

上司はサッカー好きで、サッカーの話ばっかりしてるんだ。ピクシーっていう選手を知ってるかって聞かれて困っちゃった。そういえば、洋介って覚えてる？　今ね、スクワットっていうすごく変なところにいるんだ。そこはアーティストがいっぱいいるんだ。ロシア人とかアフリカの人とか。それに、エツツっていう面白い日本人の子もいるんだよ。

そんなとりとめのない話をし続けていたが、人工呼吸器につながれた父はもちろん何も答えない。

「でも、きっとお父さんにはちゃんと聞こえてるよ、絶対。今、面白いねえって思ってるよ」

と妹のサチコは毅然とした口調で言った。

私が東京に到着して五日目の夜遅く、実家の電話が鳴った。

はい、はいと静かに答える母の声を聞いて、病院からだとすぐわかった。私たちは病院にタクシーで駆けつけた。明け方、父の呼吸は少しずつ浅くなり、心臓はゆっくりと動きを止めた。みんなが見守る中、父は息を引き取った。ガンではなく、手術そのものが原因だった。一種の医療ミスのようなものだった。

葬儀を終えてパリに戻ったのは、二週間後だった。

パリの空港までは、ソヘールとステファニーが迎えにきてくれていた。二人は私の家まで一緒に来て、荷物を置いた後みんなでカフェに行き、夕飯を食べた。

私は二人に、日本で起こったことを話した。彼女たちはただ静かに聞いてくれた。

話しながら、強烈な違和感を感じていた。

私はどこにいるのだろう。バックに流れるジャズ。ステファニーの碧い目。脂の乗った鴨のコンフィ。すべて現実なはずなのに、まるで映画の中にいるような違和感ばかりが大きくなる。

食べ終わると三人で私の家に戻り、温かいお茶を飲んだ。

ありがたかった。私は気が狂いそうな感覚の嵐の中にいた。初めて体験した家族の死は、ひたすら苦しかった。

もっと優しくしてあげればよかった。

もっと一緒にいたかった。

もっと話をしたかった。

毎日無数に浮かび上がってくる「もっと」。でも、その「もっと」はもうないのだ。

同時に、ミローシュにも同僚たちにも国連という職場にも感謝していた。家族を最優先にしていいんだよ、人生には仕事よりも大切なものがたくさんあるんだよと教えてくれた。もし私が日本企業から海外赴任していたら、父の最期に立ち会えたかどうかはわからない。あまりにも突然の別れの中で、せめて最後の瞬間に一緒にいられたこと。その事実と記憶が、時間が経てば経つほど、大きな救いになっていった。

さよなら、チャーリーズ・エンジェル

その後は、世界各地から集まってきたデータをもとに報告書を書き始めた。久しぶりに英語で報告書を書くのは根気がいり、なかなか進まない。私はロホンやミローシュ、そして教育セクターの関係者とたまに打ち合わせする以外は、静かに事務所に引きこもっていた。

ミローシュは、ある日私を呼び出すと、夏に一ヶ月間カナダに行かないかと言った。

「カナダ？」

ある大学院で君の専門分野のトレーニングが開催される、という話だった。仕事のほうは順調で、夏の間はどうせみんな休暇に入るから、私がカナダに行っても問題ないだろうと彼は言う。

カナダで一夏を過ごす、という考えは、ぐっと私の心をとらえた。カナダの大学キャンパスはきっとアメリカのものに似ているだろう。芝生に寝転がってリスに餌をやったり、バックパックを背負って学食に出入りしたりするのかもしれない、と思うと気分がどこか軽くなった。六年間をアメリカで過ごした私にとっては、第二の故郷に帰るような気分だ。

私は二つ返事で了承し、一ヶ月間をオタワのカールトン大学で過ごすことになった。

ただひとつ残念だったのは、ソヘールとステファニーのことだ。彼女たちは、もっと安定し

た仕事を見つけようと精力的に転職活動をしていた。すると、二人ともいい仕事が見つかり、私がカナダに行っている間にパリを去ることになってしまった。ソヘールはロンドンのコンサルティング会社に、ステファニーはスリランカのＮＧＯに旅立っていく。

カナダに出発する直前、私たちは送別会のピクニックをした。

季節は六月で、夜九時になっても気持ちのいい青空が広がっていた。場所はポン・デザール（芸術橋）というセーヌ川の橋の上である。ルーブル美術館の前にかかる歩行者専用の橋で、夏になるとピクニックをする若者でにぎわう。

橋の下では遊覧船が行き交い、頭上には飛行機雲が何本も交差していた。乾いた風を全身に受けながら、赤ワインを三つの紙コップに注ぐ。

「もうチャーリーズ・エンジェルは解散だね」

ソヘールが紙コップを高く掲げると、私たち三人はしっかりと目を合わせて、乾杯した。

＊

カナダから帰ると、すでにソヘールの机の上には何もなかった。

変な感じだ。朝オフィスに着いても、挨拶する人がいない。夜も「そろそろ帰るね」「お疲れさま」と言う相手がいないから、ただ無言で鍵をかけて帰るだけ。そして、家に帰っても一人。珍しく遠方から友人が来る予定もなく、静かだった。

しかし、周りに誰もいないのは、むしろ気楽だった。誰にも気がねすることなく、家でもオフィスでもぼんやりした。

そして、九月を過ぎるとパリは急速に秋に向かって駆け足になり、気づけばマロニエの葉が黄色く染まり始めた。例のプロジェクトも無事に収束して、私とロホンで書き上げた長い報告書は国際会議に提出された。そして、机の上には報告書のコピーが残された。

ミッションコンプリート。

やっとひとつの仕事らしい仕事が終わって、少しだけ誇らしい気分だった。

考えてみたら、もうパリに来て一年なのだった。

早かったなあ……。

バスティーユの街をあてもなく歩いた夜を、しみじみと思い出す。あの時と今の自分は、いくらか変わった。もう一人でカフェに入るのも怖くない。喉に引っかけるようなRだって発音できる。パリのことは、初めより好きになったし、友人もできた。でも、その程度の変化のような気もした。

また自分は、なんでパリなんかに来たのだろう、と思った。

第三章

パリの空だけが見えた

L字ウォーズ

ぼんやりとしていた私を、現実に引き戻すできごとが起こった。フランス、ギニア、アメリカ、コロンビアを巻き込んだ紛争、名づけて「L字ウォーズ」である。

かつてのソヘールの席に、インターンの女の子が来たのがことの始まりだ。初めて彼女が「ボンジュール」と無愛想な声で部屋に入ってきた瞬間を、私はずっと忘れないだろう。私が大好きなサキーナとの出会いだ。

彼女をひと目見て、美しい野生のシマウマが頭に浮かんだ。しなやかでスラリとした身体とチョコレート色の肌。白いシャツと真っ白の歯がきれいで、モノトーンのコントラストが見事だった。彼女は、父親の仕事の都合で子どもの頃にギニアからフランスに移住してきた、と早口の英語で自己紹介した。ソルボンヌ大学を卒業したばかりらしい。

私はかわいい子犬を見つけたように胸がキュンとなり、すぐにランチに誘った。すると、ニッコリ笑って「私はマクドナルドで食べるけど、それでいい？」と言われ、すっかり面食らった。マ、マクドナルドが好きなの？

「そう、エブリデイ・ビッグマックよ！」

どうやら彼女は徹底した偏食家のようだった。主食は肉、それもハンバーガー。お酒もコーヒーも飲まず、野菜も食べない。私はファストフードが好きではなかったので、ううむ、と唸った。（その日は結局子犬の魅力に勝てず、マクドナルドに行ったのだが）

数日後さらにもう一人、アメリカ人が私の部屋に入ってきた。クリス・マックイーンというハリウッドスターみたいな名前で、金髪に青い目、すらりと背が高く、紺色のスーツをびしっと着込んでいる。アメリカ合衆国の連邦政府から転職してきたというだけあり、真面目一徹、陰謀を追跡しているような雰囲気に圧倒される。よく聞いてみると、実は南米コロンビア系アメリカ人（いわゆるラティーノ）らしいのだが、ネイティブイングリッシュを話すので、ラテンの血は感じさせない。

私の部屋はL字型をしていて、〝L〟の直角の部分に私の机がある。入り口側にはサキーナ、奥にはクリスという配置になり、私はシマウマと捜査官に挟まれて急に窮屈になった。

クリスは一年前の私と同じく、早々にアパート探しに取りかかった。そして、私の背中を追うようにパリのアパートの小ささ、不潔さ、家賃の高さにショックを受けている。

クリスの不平不満っていったら、こんな感じだ。

「第一の疑問。なぜフランスのアパートはこんなに不潔で小さいのか。敷金も高すぎる。どうやらフランスには〝サービス〟という概念が欠如しているようだ。第二の問題。フランス人は英語も解さないわりに、とても横柄だ。それ自体も、サービス精神の欠如を表している。この激動するグローバル経済を生き抜くつもりならば、アメリカのサービス精神を見習うべきであろう」

理路整然としたアメリカ至上主義で、聞いているほうも大変疲れる。

初めこそ、「わかる〜、私も部屋探しに三ヶ月かかったんだよ〜」「長い戦いも、最後には勝利があるのみだよ」などと励ましていた私も、すぐに彼のビッグな態度に辟易し始めた。そこに反応したのが、サキーナである。

「そこのアメリカン！　うるさいわよ！　あんたもフランスに来たんだから、つべこべ言わず馴染みなさいよ。アメリカ人こそ、そういう画一的な価値観を改めたら」

わおー！　それは私も言いたいことだったよ。それにしてもサキーナ、自分より十歳も年上の人間に対して、なんてダイレクトなんだ。突然放たれたパンチにひるんだクリスだったが、彼もまったく負けてない。

「エクスキューズ・ミー、君はフランスがこのまま世界に取り残されてもいいのか。世界は変化し続けてる。優れたものがあれば、他国から学ぶべきじゃないのか」

「ヘロー！　フランスの悪口を叩いてる暇があったら、とっととあんたがフランス語を習えば済むことじゃない。スペイン語しゃべれるんでしょ！」

わわわ、狭い部屋の中で、世界大戦の勃発である。しかも、部屋がL字であるため、二人はお互いの姿が見えないまま怒鳴り合っているのだ。頭上を飛び交う大陸弾道ミサイルが気になり、私はまるで仕事に集中できない。こうなったら、和を重んじる日本人として、ここは仲裁に入ろう。

「まあ、まあ、二人とも！」

しかし、L字ウォーズは激化の一方で、へなちょこな私は、自分の陣地にミサイルが着弾しないように祈るのが精一杯だ。

それにこの頃、私は自分の部屋にいること自体が稀で、仲介に入っている時間もエネルギーもほとんどなかった。どこにいたのかといえば、ビルの一階にある巨大な会議場だ。

人類の平和のために

二人がやってきたのは、「総会」開催中、という特殊な時期だった。

国連というのは、何かにつけて会議が多いところなのだが（国際会議を開催すること自体が仕事そのものだったりもする）、その究極が「総会」である。国連の場合、次年度の予算配分や基本方針は、職員ではなく、実際にお金を出す「加盟国」が決定する。企業でいえば株主総会のようなものだ。そのため、二年に一度、世界各国の代表団が遠路はるばるパリに集結し、数週間にもわたる会議を繰り広げる。総会の時は、世界各国のカラフルな国旗が入り口に翻り、運転手付きのベンツがロータリーにひしめき、民族衣装やスーツで正装した外交官が闊歩し、オンボロビルもそれなりに華々しい雰囲気に包まれるのだ。

会議中は、職員もぼうっとしているわけではない。将来の方針を知るために、とにかく傍聴にいそしむ。私は教育セクターの担当者として、ミローシュに「教育関連の会議はすべて議事録を取ること」と指令をうけた。ミローシュは、「〝ツール・ド・フランス〟（約三週間かけて三千五百キロを走りきる過酷な自転車レース）に出場している気分で頑張ろう」とミーティングを締めくくった。

まずは軽い準備運動にと顔を出した開会式で、ミローシュの言いたいことを理解した。なんと各国のオープニングスピーチだけで、何時間も要するのだ。しかも、すべての発言は国連公用語六ヶ国語に同時通訳される。そのわりに内容は「今日はここにいられて非常に光栄だ」というただの挨拶ばかり。議論が始まる前からこの調子だったら、どうなるんだろう……とほほ。

私が勤める国連機関のミッションは、「戦争は人間の心の中から生まれる。だから人類の心の中に平和を築こう」というものである。異論がある人はいないだろう。みんな心の平和を求めてヨガのポーズを取ったり、旅に出たりする。しかしながら、加盟国は百九十二ヶ国（当時）もある。同じ国の人間だって二人集まればいさかいが起きるのに、ここは価値観が異なる人類の縮図だ。しかも、数百億円というビッグマネーまで絡んでいるのだ。

もし、これが家族会議だったら、「何がなんでも食器洗い機を買う！」などと「一本技」を決めにかかったりするのだろう。それは、国家間交渉でも同じで、拠出金が多いアメリカやフランスあたりが、強引に相手をねじ伏せようとする。しかし、他の国だって負けてはいない。仲のよい国で徒党を組み、数の力でスーパーパワーに立ち向かう。

発言したい場合は、手を上げるかわりに、机の上に置いてある横長《よこなが》の国名プレートを九十度反転させて縦に置くのがルール。すると議長が気がついて、発言を許す国を指名する。

「イギリス、セネガル、インド、キューバ……」

国連の基本的なルールとして、人口十三億人の中国も一万人のツバルも、一ヶ国として扱われる。議決には満場一致の原則があるので（例外もあるが）、数ヶ国が固まって頑強に主張し続ければ、かなりの抵抗勢力ができ上がる。例えば、スペインの植民地支配を耐え抜き、今もスペイン語を公用語としている中南米諸国は、たいてい固い結束を見せる。メキシコが「これからの時代は先住民の職業訓練が経済発展に大事！」と発言すれば、エクアドルやグアテマラもすかさず手を挙げ、「私たちもメキシコに同意します！」と言うわけだ。

こうなると、議論は一気に膠着状態に突入。議事録を取っている職員側は「うわー、なんか始まっちゃった」と長期戦に備え、中国語の会議資料を眺めて意味を推察してみたり、爪の観察にいそしんだりする。

南米やアフリカ勢なんかに比べると、ヨーロッパとアジアは一枚岩ではない。話す言葉も違うし、領地争いや過去の戦争で、恨み辛みも溜まっている。さらには、統治者が独自のキャラだったりなどの理由で、一匹狼の国もある。北朝鮮やミャンマー（軍事政権当時）、ハイチ（中南米で唯一のフランス語圏）がそうだ。こういった国々は、関心がない議題の時は沈黙しているが、関心がある議題が始まるとまったく空気を読まずに突拍子もない発言をする。というわけで、全員が激しい自己主張を始めると、議論は渋谷のスクランブル交差点ばりの混戦状態に突入するのだった。

当然のことながら、みんなが勝手に球を投げ合っているだけではラチがあかないし、所詮は人間なので胃袋が空になったり、眠くなったりなどの生理現象が起こる。我慢の限界が来ると、中立的な立場の国が「そろそろ、まとめましょう！」と言って建設的な案を出したり、インドあたりが類い稀な説得力とごり押しで仲裁に入ったりする。中立的な国は、カナダや北欧諸国あたりだ（もちろん、これらの国も紛争の火種を作ることもある）。そうして、なんとか奇跡的に満場一致の議決に持ち込むことに成功すると、時には拍手が起きることもあるほどだ。

会議は、ほぼ毎日のように朝から晩まで続く。会議がブレイクタイムに入ると、私もしばしば自分のオフィスに戻って休憩するのだが、L字ウォーズが続いているので気が休まらない。すでにアパートを見つけていたクリスの文句は、今やフランス生活全般にわたっていた。

というわけで、今日もゴングが鳴る。赤コーナーはアフリカ生まれの野生児。真っ白な歯による威嚇が得意技。青コーナーは、売られた議論は受けて立つ陰謀追及男。得意技はロジカルシンキング。レフリーは……一応私だ。得意技は、理不尽自慢。

「二人とも！　そうそう、私も最近フランス・テレコムに四百ユーロもお金を引き出されて、まだ返してもらえないんだよ！」

「地下鉄で私の靴を前触れもなく磨いて、靴にキスしてきた男性がいてさあ」

「友達が朝道を歩いてて、犬の糞を踏んづけたと思ったら、なんと人間のものだったんだって！」

などと、パリにおける理不尽体験を語ることで場を和ませようとしていた。

実際にパリの日々は、理不尽なできごとで盛りだくさんだった。スーパーのレジで並んでいたのに、自分の前で急にレジのおばちゃんがいなくなる、なんていうのは序の口。ジャスティンなんか、隣人がオムツをトイレに捨てたせいで、なぜかジャスティンの家の中が下水でドロドロになり、引っ越す羽目に陥っていた。

しかし、理不尽の代表選手は、やはり地下鉄ストライキだろう。短くても一日半、長い時は二週間くらい地下鉄やバスがぱったりと動かなくなる。強制的に徒歩や自転車、キックボードなどで通勤することになるので、通勤に何時間もかかってヘトヘトだ。一日だけならまだ我慢できるが、二週間は我慢の限界を超えている。

だからなんでも合理的にものごとを進めるアメリカから来たクリスが、文句を言いたくなるのもわからないでもない。

しかし、ある日はたと気づいた。二人は言い合いながらもヘラヘラと笑っているではないか。そして、しばし激しく言い合ったかと思うと、「わははー！」と爆笑する。どうやら、二人はこういう議論自体を楽しんでいるらしい。

なんなんだよ、いったい……紛らわしい！　さすが哲学者の国・フランスと、ディベートの国・アメリカである。やれやれ、人騒がせな、とため息をついた。

そんな時、唐突に私の電話が鳴り出した。

「アロー！」と出ると、ブシコーのアパートのオーナーだ。

バッドサインかも、という予感がした。

「突然だけど君が住んでるアパートを売ることにしたんだ！」

「えっ！」

「急にまとまったお金が必要になってね。申し訳ないが、なるべく早く出てってくれ。遅くともクリスマスまでに！」

え、だって、まだ一年も住んでないのに？

え、一ヶ月前に大々的な模様替えをしたばかりなのに。

え、フランス・テレコムの不正引き落とし問題も解決してないのに。

なのに、なのに、もう引っ越しなんて！

「％＆＊♪＄★！！！！」

気がつくと今度は私が、意味不明な罵詈雑言を叫んでいた。

一本の電話で完全に平静を失った日本人を前に、クリスが反対に冷静さを取り戻したのだけが、不幸中の幸い。

「アリオ、人生は長いんだから、色々あるさ！　ほらここに僕が見つけた親切な不動産屋のリストがある。よかったら君にあげよう！」
というわけで、再び私は引っ越すことになってしまった。それについては、また後ほど。

会議は踊る！

さて、我慢大会のような会議の後には、第二部が用意されている。「会議は踊る」という映画があったが、総会の晩は本当に踊るのだ。しかも、毎晩のように。

舞台は、各国の政府代表団が開く交流パーティである。大使がホストとなり、本国政府の職員や研究者、アーティストなどが招かれる。各パーティはお国柄を前面に出して演出をするのが面白い。例えば、日本代表団のパーティでは、大使夫人が振り袖を来て現れ、お琴奏者や寿司職人が呼ばれる。目の前で寿司をにぎってくれる寿司屋台は大人気で、長い行列ができるくらいだ。

というわけで、この時期はロビーや会議室、食堂という場所がぱぱっとパーティ会場に早変わりする。様々な開催場所の中でも、最上階にある「レストラン」は圧倒的な人気で、各国政府はここを押さえようと頑張る。「レストラン」は、各国の要人が食事するための場所で、私たちがお昼を食べているカフェテリアとはまさに別世界である。正装をした給仕がいて、パリを一望しながら高級フランス料理のコースやワインが楽しめる。値段もそれなりなので、庶民である職員たちがここで食事をすることはまずないのだが、この時期だけは別で、職員たちもレストランでのパーティに出向き、料理や音楽をエンジョイする。このパーティを巡って毎夜の夕飯を済ます「パーティ荒らし」の職員もいるくらいなのだ。

コロンビア代表団のパーティは、別格だった。

その日、食堂の前を通りかかると、軽快なサルサが流れている。どれどれと中をのぞいて、驚いた。大音響のサルサに合わせて、二百人ほどの男女が踊り狂っているではないか。胸元を露出したマダムや、ネクタイをゆるめた御仁が手に手をとり、くるくる回ったり、腰をくねらせたりしている。えっ、ここ食堂だよね？

私は、自分の部屋に取って返すと、クリスに「サルサパーティやってるよ！」と報告した。彼は「え、ほんと？」と立ち上がり、二人で仕事をほっぽり出して向かった。

状況をひと目見るなり、彼は何も言わずにすっと人の輪の中に入っていった。ん、どこに行くの、と思ったら、それは本日二回目の仰天の瞬間だった。マジメ一筋のクリスの腰から下が別人のようにクネクネ動き始めたのだ。それは正真正銘、ノリノリのサルサのリズム！　周りに女性が群がると、彼は腰をくねらせながら「ベン、ムチャチャ！（女たち、カモン！）」と叫んだ。

どうやら彼は、中身は完全にラテンらしい。きっと長いアメリカの社会生活の中で、「マジメ人間の仮面」をかぶり続けていたのだろう。しかし、故郷のリズムが仮面をはぎ取ったようで、その後も一心不乱に踊り続けた。初めて彼と「友達になれそう！」と思った瞬間だった。

さてさて、そんなドラマチックな数週間を経て、すべての議決が採択されると、やっぱりパーティが催される。その夜は加盟国の代表団も職員も一心同体となり、シャンパンが景気よく抜かれ、飲み放題、食べ放題。みんなとにかく上機嫌で、二次会、三次会と続き、一部の職員は深夜四時くらいまで飲み続けるのが恒例だ。

最初は、私は「ん？　会議終わっただけで、このお祭り騒ぎってどういうこと？」と戸惑いを覚えたが、この組織に何年もいる間に全世界が満場一致の議決にこぎ着けるのは大変な偉業なのだと理解し、素直にパーティに参加するようになっていった。

サキーナの世界

一方、サキーナは、「ゆったりしたアフリカ」のイメージを覆すほどのせっかちな働きぶりで、私たちを大いに驚かせた。彼女にはリサーチの下準備を頼んでいたのだが、てきぱきと進めて、終わったとたんに「早く次の指示をくれ」とせっついてくる。焦った私は、本来自分でやるべきデータ分析まで頼んでしまった。すると今度は自分がヒマになってしまい、同僚とコーヒーを飲んでばかりいた。

サキーナは、よく「アリオは私が人生で出会った最初の日本人」と嬉しそうに言い、暇さえあれば日本語を教えてくれとせがんだ。そこで自己紹介や数字を教えるとすぐにマスターしてしまい、そのうち私のフランス語を追い抜いてしまうのではないかと脅威を覚えた。しかし同時にサキーナは、私がわかっていようといまいとどんどんフランス語で話しかけてくるので、私のほうもカタコトながらフランス語で会話が成立するようになってきた。

ある時、どうやら彼女は、日本人は名前の最後に「さん」をつける、ということを聞きかじったようで、私のことを「アリオサン」と呼び始めた。

問題は、その後だ。ある日の会議で私とミローシュの意見が正面からぶつかり、みんなの前で議論になってしまった。ミローシュはボスといっても年齢も離れていないので、私はいつも率直に意見を言っていた。私たちの論争は、いつしかうちの部署の名物にもなっていて、他の同僚は「ほら、また始まった」という顔になった。調査・研究の結論や提案を伝える段階になると、彼は課長らしく組織内のポリティックスに非常に気を使う。逆に私はシンクタンク出身のせいか職人気質で、わかった事実をいかにそのまま伝えるかを重要視した。私は私生活では平和を好んだが、こと仕事になったとたんに不思議なくらい言いたいことが言える質だった。だからといって、私とミローシュは仲が悪いわけではなく、仕事帰りはそういった議論を全部忘れて、よくビールを飲みにいったものだった。

会議終了後に自分の部屋に戻ると、サキーナはやぶからぼうに聞いてきた。

「ねえねえ、すごーく偉い人にも〝さん〟をつけてもいいの」

「お、それ、いい突っ込み。実は天皇とか、すごく偉い人には〝さま〟をつけるんだよ」

と教えてあげた。

「〝サマ〟ね、じゃあこれから、〝アリオサマ〟って呼ぶ！」

「え〜なんで!?」

「だって、アリオっていつも偉そうだから！　いつもミローシュに言いたい放題じゃない。あれじゃ、アリオのほうがボスみたいだよ」

「サキーナ、そういうあんただって相当偉そうだよ。十歳も年上の私やクリスにいっつも説教してるし！　だったら私もあんたのこと〝サキーナさま〟って呼ぶわ」

「うん、いいよ。気に入った！」

ということで、私たちはお互いにサマ付けで呼び合うことになった。

しかし一時間もしないうちにサキーナは、「〝アリオサマ〟って言いにくい」と、今度は私をただの〝サマ〟と呼び始めた。さすがに恥ずかしいからやめて、と懇願したのだが、面白がってやめない。

「じゃあ、いいよ」と、私も対抗してサキーナを〝サマ〟と呼ぶことにした。かくして私たちは、お互いを〝サマ〟と呼び合う関係となった。その頃から少しずつ親しくなり、仕事が終わると、たまに一緒に映画を見にいった。彼女はコーヒーもお酒もまったく飲まず、食へのこだわりが皆無だったので、映画の後の夕飯は相変わらずピザやファストフードばかりだった。

だけど、彼女が見ているこの世界は、私が見ている世界とはだいぶ違うのだと気づいたのは、もうちょっと後のことだ。

*

「ねえサマ、もう引っ越さないといけないんでしょ。どこら辺で部屋を探してるの？　また十五区のブルジョワ地区？」

私は首を横に振った。今回は、せっかくなので新しい区に住もうと心に決めていた。ブシコーは閑静な住宅街で、東京でいえば世田谷区みたいなところだ。次はいわゆる「パリだ！」という場所に住んでみたかった。しかも、目指すはフランス窓とフローリングがある旧建築のアパートだ。

「というわけで、六区のサン・ジェルマン・デ・プレか五区のカルティエ・ラタンにするよ！」

それらは、ジェーン・バーキンやカトリーヌ・ドヌーヴも住むという噂の、パリ屈指の人気エリアである。地下鉄十番線で職場の最寄り駅まで一本なので、通勤にも便利だ。

「ひえ〜、ブルジョワ〜!!　さすが〝サマ〟！」

「まあ、日本人の私が人生でパリに住むなんてめったにないチャンスでしょ？　目一杯パリを楽しんでおきたいんだ」

そう言うとサキーナは、「それ、いいね」とパッと笑った。

ランチタイムになると、私は部屋探しのためにあちこち電話をかけ始めた。するとサキーナが「サマ！　カム（こっち来て）」としきりに呼ぶ。インターンのくせに態度がビッグで、自ら私の机にはやってこない。

「なに？　サマ（サキーナ）」

「サマ（アリオ）、そんなんじゃいつまでも引っ越せないよ。電話貸して」

私の携帯電話をむしり取ると、不動産屋のリストに目を走らせて電話をかけ始めた。そのとたん、語り口調は有能なセールスマンに変わった。

「この人は、フランス語は下手ですが、何せ日本人ですから真面目で、さらに一生涯クビにならない仕事を持っています。彼女がどこで働いているかご存じでしょうか。ええ、国連です。そう、あの国連ですよ……証明もできます」

彼女はその調子で、本命のカルティエ・ラタンやサン・ジェルマン・デ・プレの物件を内見する交渉を次々とまとめた。本当にありがたい。

サキーナは、ひとつの物件が特に気になったようで、「ここ、すごくいいと思うんだ。オーナーも親切そうだったし。ねえ、後でどんなだったか教えてね」と言う。だから、「ねえねえ、せっかくだから、一緒に見に行ってみない？」と誘ってみると、サキーナの顔がさっと曇った。

「う～ん、どうしようかな……」

「あ、忙しい？　だったらいいよ」

「ううん、忙しくないんだけど。私、たぶん行かないほうがいいと思うんだ」

サキーナはバツが悪そうな顔になった。「だって、黒人の友達がいるって知ったら、貸してもらえなくなっちゃうから」

それは、どうやら本当の話のようだった。フランスは移民への差別が激しい国で、黒人がアパートを借りるのは至難の業なのだと説明してくれた。

誰がどんなリアクションしても私は気にしないと主張しても、「サマのためだから」と、腰を上げない。かくしてサキーナは内見のアポを取ることに専念し、私はそのアポをひたすらこなしていった。


サキーナは十数年もフランスにいるわりに、パリについて驚くほど何も知らなかった。おいしいレストランも、素敵な公園も、流行のお店も知らない。シャンゼリゼなんかめったに行かないという。

「だって、当たり前でしょ。私が住んでいるのは、クレテイユだもん。シャンゼリゼなんか遠くて」と二言目には繰り返す。クレテイユはパリの郊外で、地下鉄八番線の終着駅だ。郊外といっても、実際の距離はそう離れていない。首をかしげていると、サキーナはいらつきを隠さずに続けた。

「あのねえ、クレテイユは、パリじゃないの。バンリュー（郊外）なんだよ！　テレビのニュースで車が燃やされてるの、見てないの。あれが、バンリューだよ」

あっ、と思った。最近〝バンリュー〟という言葉をテレビで何度も耳にしていたからだ。それは、アフリカや中東からの移民が多く住む貧しい地域を指す言葉だ。

「そっか……」

彼女は白い歯を見せてニヤッと笑った。やっとわかったの、というように。

その頃のバンリューは、大変な状況にあった。移民の少年たちが警官に追いかけられ、事故死を遂げたことをきっかけに、大規模な暴動が頻発していた。それは、長年鬱積してきた移民たちの怒りそのものだった。毎日のように車が何百台も燃やされ、場所によっては夜間外出禁止令が出ていた。

しかし、私たちの職場がある七区近辺ではそういった気配はみじんもなく、暴動をリアルなものとして想像するのが難しかった。だが、彼女はそういう場所から、毎日出勤してきていたのだ。

「サマ（アリオ）はさあ、パリについてちょっとばかり知ってる気になってるけど、それはブルジョワエリアの話ばっかり。今度私の家においで。バンリューを見せてあげるよ」

＊

暴動が落ち着いてしばらくした週末、私は地下鉄八番線に延々と乗ってパリを横断し、クレテイユに向かった。駅に降り立つと、オレンジや緑のモザイクがちりばめられたアフリカンテイストの派手な駅のサインが目を引いた。見慣れたレリーフのついた石の建物や石畳の代わりに、丸い円柱みたいなデザインの高層ビルがたくさん立ち並ぶ。パリの中と外ではここまで風景が変わるものなのかと驚いた。

「サマ〜！　ウェルカム〜！」

駅で待ち合わせしたサキーナは、嬉しそうに私のほおにビズをした。

団地のような一角に、彼女の家族が暮らす部屋はあった。きれいに片付けられた三ＬＤＫで、お母さんと妹さん二人も待っていてくれた。建物は古びていたものの、明るく広い室内は、見事にアフリカとフランスが混じり合っていた。カラフルな布で彩られたクロスや、木彫りの人形といったものがフランスの家具の上に置かれていて、それはサキーナの背景そのものに見えた。

優しそうなお母さんが、台所でたくさんの芋を揚げていた。サキーナは長女らしく、「早くテーブルの上を片づけてよ」などと妹二人にいばりちらしながら、トマトの炊き込みご飯や、野菜スープ、バナナフライなどの西アフリカ料理を作ってくれた。あまりに大量で食べきれないほどだった。

話に父親が登場しないな、と思っていると彼女は父親を十年以上前に亡くした、とサラリと言った。その後の会話で私は理解した。サキーナがお酒を飲まないのは、両親がイスラム教徒で、彼女もゆるやかに戒律を守っているということ。父親が急逝した後は、お母さんはこの慣れない国で働いて、一家四人の生活費や学費を支えてきたこと。マクドナルドばかり食べていたのは、母親が会社から持ってくるチケレストラン（全国共通の食事クーポン）でいちばん安く食べられる場所だからということも。

食べ終わると私たちは、サキーナのベッドルームに移動して、高校生同士のように話し続けた。彼女は〝リュカ〟という名のイタリア人とフランス人のハーフの恋人がいることも告白した。二人は大学の同級生で、そしてお互いの初恋の人で、人種も国籍も超えて大恋愛をしてきた。

「これが、リュカ！　かっこいいでしょう。お互いに一目惚れだったんだあ」

写真には、すっと切れ長の目をした青年が写っていた。リュカはアフリカが大好きで、すでに長期間アフリカで働ける仕事が決まっているのだそうだ。

「じゃあ、離ればなれになるの？　寂しくなるね」と私が言うと、彼女は澄ました顔をした。

「ううん、遊びにいくから平気。それよりアフリカで働くのは彼の夢だから応援してるよ」でもさ、と彼女は続けた。「逆にリュカにいくら誘われても、私はイタリアには行かないよ！」

「え、どうして？　イタリア、いいところじゃない」

「サマ、イタリアほど怖いところはないよ。一度行ったんだけど、田舎では子どもたちが黒人を見ると、石を投げてくるんだよ。サッカーでも試合に黒人が出たらブーイングする国だよ。怖くて、怖くて」

私は、世界がグインと反転するのを感じた。サキーナというレンズを通して見ると、パリもイタリアも居心地の悪い場所なのだ。

「私、ほんとに黒人差別がない国があったら、どこでもいいからそこに行きたい。ねえ、日本ってどう？」

ボナパルト通り二十五番地

サキーナの大活躍にもかかわらず、ここだという部屋は見つからなかった。言葉にしづらいが、どこも何かが違う、という気がするのだ。こりゃまた長期戦になるなと覚悟した矢先、再びブシコーの家のオーナーが電話をかけてきた。またバッドサインか？

「突然だけど、あのアパートは売らなくなりました！　君さえよかったらアパートに残ってほしい」

へ？

「もういい加減にして！」と叫びかけたのだが、理由を聞いてすっかり毒気を抜かれた。

あの巨大なアパートビルは、百人ほどのオーナーで構成される組合が管理している。その組合は、ある時市役所でビルの登記を更新するのを忘れてしまった。登記は自動的には更新されなかった。ということで、なんと本日時点ではあのビルは、この世に存在していないことになってしまったというのだ。

「えええ！」

当然、存在しないアパートを売ることはできない。だから、今まで通り貸し続ける以外に選択肢がない。「だから、よかったらまた貸しますよ」とオーナーは締めくくった。

奇妙だ。自分が一年間も法的には存在しないビルに住んでいたとは。

「そうですか……。でも私はもう引っ越すつもりで動いているので、あそこは出ます」と告げた。

今さら、ああ、そうですか、とは引き下がれない。

「わかりました」とオーナーは納得してくれた。「じゃ、引っ越しが決まったら連絡してください。あ、今の備えつけの家具は全部置いていってくださいね。次の人に使ってもらうので」

いいよ、いいよ。こうなったら、好きな部屋で好きな家具に囲まれて暮そうじゃないか、と私は思いながら、「パ・プロブレム！（問題ありません）」とタンカを切って電話を終えた。

そして、ついに運命の部屋に出合った（バックに、ジャーンという曲をご想像あれ）。ボナパルト通り二十五番地。

その細い通りは、サン・ジェルマン・デ・プレ教会の前を通り、徒歩五分ほどでセーヌ川にぶつかる。そこにかかる、ポン・デザールを渡れば、ルーブル美術館というロケーションだ。

五階まで細い螺旋階段を上がりドアを開け、明るい光に包まれた部屋に足を踏み入れた瞬間に、身体に電流が流れた。ここだ！　という確かな感触だった。豪華なものは何もなく、むしろ素朴な雰囲気の部屋だ。

いつから、あるのだろう。古いマントルピースがリビングの中心にあり、その上には曇ったアンティークの鏡がかかっている。ヘリンボーンに組まれた木の床は、濃い飴色に変化し、淡く光を反射している。天井には木の梁が山小屋のように交差し、格子状の窓からは、静かな通りとカフェが見えた。ベッドルームの窓は小さくて、窓枠の木はボロボロだったが、それがまたなんとも落ち着いた寝室を形作っていた。でも、そういうディテールではなく、そこに流れる空気のような何かが、とても好きだった。

保証人もいない私でも貸してもらえるだろうかと〝ドシエ〟を差し出すと、フランス人オーナーは「トレ・ビアン」と微笑んだ。

スクワット通いは、相変わらず続いていた。

＊

巨大な帽子をかぶり、傘にもカバンにも絵を描いて身につけるスイス・マロカン。いつでもギターを取り出して、即興の曲を奏でるカナダ人。夢の中にいるような人物画を描くフランチェスコ。ここでは、誰も彼もが「作品」を制作している。

彼らはさらに、新たなスクワットという大きな「作品」まで作ろうとしていた。この59リヴォリは、何年間も大人数が見学に詰めかけたことから、倒壊の危険性が指摘され、補修のために一時的に閉鎖する可能性が出てきたのだ。修繕代はパリ市が負担してくれるが、その間このアトリエは使えなくなる。そのため、彼らは新天地を求めて、再びどこかの空きビルを不法占拠しようとしていた。だから最近の話題は、「あの辺にいい空き家があるぞ」とか「誰々が忍び込んで逮捕されたんだけど、一週間で釈放された」などになっていた。

それでは、私の「作品」はいったいなんだろう。国連や今までの仕事を切り取れば、「たくさんの報告書」ということになるだろう。でも、あれらの報告書は「調査方法が緻密じゃない」とか「サンプル数が少ない」「わかりにくい」「結論と提案に納得できない」などと批判されることは多々あっても、「感動した！」「ありがとう！」などと言われることはまずなかった。それは、オペレーションの改善策を提案するという仕事の性質上、どうしようもないことなのだ。誰だって、問題を指摘されたり、改善を求められたりしたら気分が悪いし、抵抗したくなる。

……しかしなあ、あんな無味乾燥な報告書が自分の「作品」だなんて。

考え込んでいる目の前で、洋介は拾ってきた木の板に絵の具を塗りたくっている。エッツは、動物と便器をキャンバスに描いていた。彼女と私は、年齢こそ同じだったが、出身地も生き方も違い表面的にはさしたる共通点はなかった。スクワットと国連、アーティストと公務員。一見対照的な場所に属していたが、実は深い部分でどこかが似ている気がしていた。それは性格なのか、考え方なのか、よくわからなかったけれど。

ある時、改めて彼女がこの59リヴォリにやってきた経緯を聞いてみた。

「あのね〜、たまたま！　ある日歩いていたら、呼ばれたように見つけたんだ。入り口に見学自由って書いてあったから、入ったの。そしたら、なんだか汚い文化祭みたいでさ、すごい素敵なところだなあってさ……」

彼女は、ここで恋人のブルーノに出会い、自然に絵を描き始め、アーティストになり、ギャラリーがつき、ビザを取ってすでに何年も経っていた。しかし、彼女が本格的に絵を描き始めたのはパリに来てからだった。

「パリに来る時には、自分は絵を描いて生きていこうって決めて来たんだ」

そして、彼女は本当に今は絵だけで生活している。それは、けっこうすごいことじゃないか。

好きな人の話を聞くのは、好きな音楽を聴く感じに似ている。自分の奥底に響いてくる感じ。イントロがあって、サビがあって。聞いていて楽しいから、何度もリピートしたくなる。

私は、それで、それで、と先を促した。

「気がついたら絵が売れるようになってきたの。初めて買ってくれた人も絵描きだったよ。嬉しくて一緒に写真撮ったんだ」

うん、うん、それで、それで？

「初めてロンドンのアートフェアに出したら、けっこう絵が売れたんだ」

そして、物語の時計が現時点に追いつくと、子どもの頃や高校時代の話も聞いた。幼い頃からずっと外国に行きたかったこと。高校を卒業して、何年もバイトをしてやっとパリに来たこと。今、とても幸せだということ。

話はつきなかった。気づけば、すごく感動していた。彼女は自分の人生を、生きていた。大きなものに何ひとつ頼らず、逃げ道も作らず、ひたすらに自分を生きていた。同じ三十三年間の人生でも、こういう生き方もあるんだと思った。

しかし、これを聞いているのが自分だけなんてもったいない！　彼女はブログもやっていないし、始める気もなかった。だから、思わず聞いていた。

「ねえ、エッツが書かないんだったら、私が書くよ。書いてみていい？」

「え？　何を？」

「わかんないけど、エッツがどうやってパリに来たかとか、何を考えてるのかとか、そういうの」

「私について？　えー、別にいいけど、面白いかなあ」

いいの、ただ書いてみたいだけだからと答えた。洋介も、「それいいね、エッツについて書きなよ」と後押ししてくれた。

改めて、週末にノートとペンを持って、彼女のアトリエを訪ねた。インタビューというより、一緒にワインを飲んでしゃべっているだけだが、メモは何ページにもわたった。

残業もない毎日の中で、文章を書く時間はいくらでもあった。私は純粋に書くことを楽しんだ。どこにも発表する予定はないから、あくまで個人的なものだ。でも、自分も作品を作っていること、作りたい気持ちが残っていたことが嬉しかった。

そこにはパリの空が見えた

十二月のしんと冷える朝五時半、引っ越しの長い一日が始まった。

引っ越し屋は朝七時に来る予定だったので、私は夜明け前のコーヒーを飲み、カップやシーツを最後の段ボール箱にしまい、スタンバイしていた。ところが、八時になっても彼らはやってこない。「どうなってるんですか」と電話で問い合わせると「オンナリーブ！（今向かってる）」の一点張りである。ケチってアラブ系の激安の闇引っ越し屋を頼んだせいである。

結局、朝九時にようやく着いたかと思いきや、「次のアポが迫ってるんだ！」と焦っていて（当然だろう）、「マダム、あなたも手伝って！」と強引に段ボールを手渡された。えー、なんで、と思いつつ彼らの剣幕に押され、自分も細い螺旋階段を何度も往復したので、最後は膝や腰がガクガクになった。

引っ越し屋が去る間際に、私が「ちょっと〜！　私も引っ越しを手伝ったんだから代金をまけてよ」と主張したため、わあわあと口論になった。彼らも急いでいたので、若干だけ料金をまけてくれた。何はともあれ、昼前には引っ越しは完了した。ああ、すでに疲れた。

さて、目の前には広大な荷物の海が現れた。

まずは腹ごしらえだ、とぐちゃぐちゃな部屋の真ん中で、サンドイッチを食べる。そうだ、段ボールを片づける前に、ベッドを入手しないといけない（前のアパートのベッドはオーナーのものだった）。すでにベッドは買ってあったのだが、クリスマス商戦の真っただ中で、デリバリーは年明けになるとのことだった。なので、とりあえずは空気式の簡易ベッドをエッツから借りることにしていた。59リヴォリまでは今やセーヌ川を挟んで歩いて二十分ほどである。

曇り空が広がるポン・デザールを渡っていると、「こういう時に必要なのは景気のいい音楽だ！」と思いつき、予定を変更して最初にステレオを買いにいくことにした。大手家電ショップでステレオを購入し、その足でエッツからベッドを借りる。ずっしりと重たい二つの巨大な箱を抱え、二十分の道のりを戻るのは意外にしんどい。螺旋階段を上がろうとするのだが、足が重くて上がらない。部屋に戻るなり、ぼんやりと本を眺めて現実逃避に走っていたが、結局は気力で箱の山を崩しにかかった。

ヤカンや食器、洋服、シーツなどを取り出していると、部屋の中が薄暗くなってきた。時計は三時半を指していて、すでに日没直前だ。その時、ようやくこの家の天井には電灯が備えつけられていないことに気づいた（フランスではふつうだ）。わ、まずい、暗くなる前にランプを調達せねばと、再び外に飛び出した。急いでセーヌ川にかかるポン・ヌフを渡り、大手家具屋でフロアランプを購入。すると、これがまた大変な重みで、私は何度も休憩しながら、息も絶え絶えに部屋に戻った。

部屋は夕方の冷気で満たされていて、ドアのノブも床もひやっとしている。ここはセントラルヒーティングじゃないもんねえ、暖房器具も必要だ……。自分の段取りの悪さにうんざりしながら、一心不乱にランプを組み立て始めた。すると、今度はどういう神の計らいか。部品がひとつ足りない。箱を何度もひっくり返すが、本当にその部品だけがない。万事休す。部屋の中はすでに真っ暗である。

キャンドルを探しているうちに、なんだか、泣けてきた。

ランプがどう、という問題ではない。私は今、暗くて寒い部屋の真ん中で、段ボールに囲まれてお腹がすいている。行き当たりばったりで、穴だらけの計画のおかげで。そして、私は一人だった。それはまるで自分の人生の縮図のように感じた。

ずっとこのまま女一人で生きてゆくのだろうか。温かいご飯を作ってくれる人も、ランプを組み立ててくれる人もいないままに職場と家を行ったり来たり。そして、縁遠いまま、家族とも離れて異国で年を取っていく。ああ、孤独だ、と思った。孤独すぎる。もしかしたら、本当に泣いていたかもしれない。

しかし、「いかん！　いかん！」と思った。これが「パリ症候群」というやつかもしれない。それは、パリに住む日本人がかかるという謎の心の病で、パリという街が持つ華やかなイメージと現実のギャップに挟まれて鬱になる現象らしい。

こういう時は、寝てしまうに限る。明日の朝が来ればきっと元気になってる、そう言い聞かせた。それには、ベッドだ！　ベッドを膨らまそう！

私は最後の気力を振り絞り、ダブルサイズの大きな空気ベッドを広げ、ポンプを足で押し始めた。これさえできればあとは寝るだけ、と自分に言い聞かせる。ところが、十五分経っても、ベッドはくたっとしたまま。息がぜいぜいと上がっている。

私は再び「もう、やだ」と床に座り込み、エツツに電話で「ぜんぜん膨らまないよ」と訴えかける。

「最初は、そんな気がするんだよね。でも根気よくやれば大丈夫！」と明るい返答である。

いや待てよ。こんな時のためにステレオを買ったんだ、とお気に入りのサルサを大音量でかけ自分を奮い立たせた。再び身体にエネルギーがわいてきて、今度はリズミカルに空気を送る。一枚目のサルサのCDが終わると、ようやくハンペンみたいな形になった。二枚目のなつかしのユーロビートのCDも終わると、ようやく四角いベッドの形に見えてきた。ここまで一時間半。その頃には夜明け前からの疲れが、ピークに達していた。しかし、ベッドが膨らまないことには、休みたくても休めない！

最後には、すっかり笑いたい気分になった。いったい何をやっているのだろう。パリのど真ん中の真っ暗な部屋で、サルサに合わせて一人で空気ポンプを押している。それは、サキーナが言うブルジョワ生活とは似ても似つかない。あいつに今の私の勇姿を見せてあげたいものである。

＊

ようやくベッドが膨らんだので、お風呂に入ることにした。

熱いお湯で満たされた湯船につかると、寒さと疲労でこわばっていた筋肉がほぐれていく。

あれ？

その時になって、ちょうど目の前に両開きの大きなフランス窓があることに気づいた。曇りガラスなので外は見えない。でも、これだけ大きいと外に何が見えるのか、ちょっと気になる。でもなあ、目の前が誰かの部屋だったら嫌だなあ。後で見てみよう、と我慢した。しかし、しばらくすると誘惑に耐えきれなくなり、窓をそっと開けてみた。

冬の冷たい空気の中に、湯気がどっと吸い込まれていく。

見えたのは、大きな夜空だった。

この建物の裏側は、空き地になっていて、視界が開けている。その先にある建物には、こちらを向いている窓がひとつもない。だから私の姿は、誰からも見えない。そう気づくと、今度は豪快に両方の扉を開け放った。湯船にごろんと横になると、さらに大きく空が見え、いくつかの星も見えた。

大都会の真ん中とは思えないようなしんとした夜空は、いくら眺めても飽きない。引っ越しの疲れも、孤独感も、すでに霧散していた。

いつしか静かな気持ちがわいてきた。

今日から、この空は私のものだ。

これから、雪の降る夜も、初夏の晴れた朝も、この空を眺め続けることができるんだ。

一人だろうと、なんだろうと、こんな人生も悪くないかもしれないと思えた。

そして、この先どこに住もうとも、私はこの空をもってパリをなつかしむようになるのかもしれないなと思った。

L字ウォーズのその後

新居は、職場の最寄り駅まで三駅で、通勤ラッシュもなく、気楽なものだった。朝は八時五十分に出かければギリギリ始業に間に合う。帰りは帰りで映画を見たり、カフェに寄ったり。そして、パリ生活二年目の冬を越え、季節は再び春に向かってUターンを始めた。

冬の間は隙間だらけの寒い家の中にいるのは辛かったが、春になると同時に部屋はどんどん明るく、さわやかに変化していっていった。ベッドルームの古い窓を開けると、風に乗ってサン・ジェルマン・デ・プレ教会の鐘の音が聞こえてくる。

すっかり習慣となったジョギングは、南側のリュクサンブルグ公園を一周するのがお決まりのコースになった。この公園は、大きな樹々が森のようだったり、途中でシャトーや噴水が現れたりと、走っていてとても楽しい。多くの人が木陰のベンチで読書をしているので、私も文庫本を一冊ポケットに入れていき、本を読むこともあった。日によっては、北側のセーヌ川岸も走ってみた。オルセー美術館の前にかかる橋を渡ってUターンし、対岸のルーブル美術館側を走って戻ってくるという贅沢なルートだ。

エッツの話を一通り文章に起こした私は、今度はシュンさんというカメラマンについても書き始めた。初期の頃から59リヴォリに出入りしていて、その変遷を写真に撮り続けていた人だ。彼は「博覧強記」という形容詞がぴったりなほど物知りで、いつも「ねえ、こっちに行くと面白いところあるんですよ」と言いながら、薄暗い路地に入っていく。その先には、ジプシーのコミュニティや打ち捨てられたサーカス小屋、そして花が咲き乱れる袋小路があった。「シュンさんについて書いてみていいですか」と聞いてみると、「うん、いいですよ」と快諾してくれた。週末に待ち合わせて、街を歩いたり公園でピクニックをしながら話を聞いた。

そうして、次なるテーマを見つけたものの、さほど熱心に書いていたわけでもなかった。ヒマがあればちょっと書いてみるという程度だ。だからシュンさんの原稿はいつまでもでき上がらなかった。しかし、それはそれで好都合だった。とにかく、私には長い時間をかけてじっくり楽しめる「マイプロジェクト」が必要だったのだ。

この頃、私の部署は予算削減の真っ最中で、一件ごとのリサーチにかけられる金額は減っていた（マトモな椅子はますます遠のいた）。出張もアメリカやヨーロッパ内にたまに出かける程度なので、国連パスポートは引き出しに入れっぱなし。今となってはほとんどがパソコンの前でできること、つまりは既存のデータや第三者が書いた報告書を使い回して新たな報告書を書くことが仕事になりつつあった（パソコンはずいぶん古いモデルで、重いデータを開くとすぐにフリーズした）。

正直言えば、面白くもなんともない。国連に来た頃に思い描いていた「現場に入る」仕事とはかけ離れすぎている。こうなると、コンサルタント時代がなつかしかった。あの時は、学校の先生や農家のおじさん、経営者など、いつも色んな人に話を聞きに出かけたものだ。私は再びチャンスさえあれば現場に出たかった。誰かの話を聞き、問題点を知り、解決の方法を提案することがずっとやってきた仕事なのだ。でも、今は他人のデータばかりをいじっているから、提案する内容も漠然としてしまっていた。頭のどこかで、自分はなんとかフィールドに出ていかないといけないと感じていた。

しかし、国連の人事システムというのは氷のように硬直していて、個人の希望に柔軟に対応するようにはできていない。他の部署やフィールドオフィスの職務につくには、自分で空席のポストを探し、応募することが基本である。個人のコネや上司の裁量などで簡単には昇進や異動ができないわけなので、フェアな制度でもある。空席ポストは、外部に公表される前にまず内部で公募されるので、この段階では応募者数も限られていて、熾烈な競争はない。しかし、いったん他の部署やフィールドのポストに応募すると、「あの人は異動を希望している」というのが広く明らかになってしまうので、元の部署にちょっと居づらい。だから、むやみやたらにも応募できない。

それに、私が今しているのはあまり応用のきかないリサーチの専門職で、他の部署にその専門性を求めるポストは皆無だった。そうなると、いつか自分の専門性を必要とするポストが生まれるわずかな可能性を待つしかない。しかし、それが明日なのか十年後なのかは誰もわからないのだ。それでも、諦めるのはまだ早すぎる。きっとチャンスは巡ってくる、という漠然とした希望だけは持っていた。

それに、誰もが多かれ少なかれ不満を持っていた。入ってみたら期待と違う。予算がなくてやりたいことができない。上司や同僚とそりが合わない。仕事がルーティン化して飽き飽き。そんなことはあちこちで起こっていた。しかし、正規職員の座を投げ出すのはもったいないし、しかもフランスでは私たちは外国人なので、「や〜めた」と気軽に言えるわけもない。それに二十五年間勤めないと、満額の年金ももらえない。だから、誰しもが大小の不満を抱えつつも、バイオリンを習ったり、テニスサークルに打ち込んだり、長い旅行に行くことで折り合いをつけていた。それが、私の場合は、「書く」というマイプロジェクトだったのだ。

＊

その頃、陰謀追及サルサ男のクリスの奥さん、アナ・マリアがオフィスに遊びにきて、彼女の妊娠が明らかになった。すでにお腹も目立ち始めている。部署全体が、「おめでとう〜！」

と盛り上がるその中で、笑顔がぎこちないのはボスのケンだった。そして、「あいつは、入った早々にもうリーブ（休暇）に入るつもりじゃないだろうな」と苦々しく呟いたのが耳に入った。

国連の制度では、女性には四ヶ月、男性でも二ヶ月の有給の出産休暇が認められている。女性は、さらに二ヶ月間の「授乳休暇」を加えることができる。そして、望めばさらに一年の無給休暇を追加することも可能だ。この産休制度は世界の大手企業と比較してもかなり恵まれているほうだが、頼れる家族もいない海外での出産・子育てだと思えば、妥当にも思える。海外での慣れない出産を助けるため、男性でも二ヶ月の産休をフルに使うことが多い。

ケンは一部のスタッフを招集すると、マジメな顔で「大変だ、『受精日』を調査しないと」と言い出した。「受精が採用より前だとしたら、規則として産休を認めるわけにはいかない」呆気に取られる私たちを前に、「出産予定日から割り出すと、実に微妙な位置づけだな」と続ける。

たぶん全員の頭の中に、同じ疑問がグルグルしていた。え、今そんなこと考えてたの。さすが部署いちばんの吝嗇家である。えっと、調べるってどうやって？「クリス、去年の夏頃で奥さんとした日をリストアップして」とでも頼むのだろうか？

ふだんならばケンが何か指示を出せば、みんなで色々とブレストするのだが、今は誰もが口をつぐんでいる。「休ませてあげようよ」という気まずい沈黙が続くと、ケンはいくらなんでも受精日を〝調査〟するのはいかがなものかと悟ったようで、そのまま「調査」の話は立ち消えになった。

一方のクリスは、「出産」に関連するフランス語の習得に余念がなかった。サキーナはそれを歓迎し、熱心に単語や発音を伝授した。L字のあっちとこっちで、「彼女が痛がっています」「お医者さんを呼んでください」「急いでください」などというフランス語が何十回と繰り返された。

＊

サキーナは無事にインターンから短期雇用の職員に昇格し、ハッピーそうだった。何しろフランスでは新卒が仕事を見つけるのはかなり難しく、そのうえアフリカ系だと困難を極めるのだそうだ。給料をもらっているというのに、相変わらず彼女はマクドナルドを卒業しようとはしないので、私も気が向けばビッグマックにつき合った。

ある日、サキーナに「ランチに行かない？」と誘うと、彼女はパソコンの画面を眺めたまま、静かに「今日はいいや」と言う。

「了解～」と一人で食堂に出かけようとしたその瞬間、彼女が必死に涙を我慢していることに気がついた。

「サマ!! どうしたの」

私が言うのと同時に、彼女の目からポロリと涙がこぼれた。

「サ、サマ（サキーナ）! どうした?」

「なんでもない。先に食べにいって。本当に大丈夫だから」

ただならぬ気配にしつこく問いただすと、サキーナは告白した。

「リュカが病気なんだって」

彼女は静かに泣き続けた。一生治らない難病が発覚し、治療のためにアフリカに行く仕事を断念しないといけなくなってしまった。

「治療を続ければ命にも普段の生活にも影響はないんだって。でもね、この先一生アフリカに住めないんだよ。暑い気候や太陽がダメなんだって。アフリカで働くのは彼の夢だったんだよ……。ねえ、なんて人生ってうまくいかないんだろうね。私が代わってあげたいよ」

と彼女は静かに涙を流し続けた。

その時、彼女の中ですでに、何かが動き始めていたのかもしれない。いや、私もクリスもサキーナも知らず知らずのうちに曲がり角のようなものに差しかかっていたのだ。

メルセデスオーナーになる

サキーナとリュカ、そしてクリスとアナ・マリア。二組のカップルは、お互いを気遣いながら寄り添っている。フランスはカップル文化で、どこに行くにも恋人連れが当たり前。そして、地下鉄でも道ばたでもカフェでも、カップルが人目もはばからずキスしたり、いちゃついたり、膝に乗ったりしている。興味深いのは、フランス人は結婚という制度にはまったくこだわりがなく、何歳になっても「恋人」を求めていること。愛がなくなったら離婚するという考え方をするこの国では離婚率が非常に高く、パリでは実に五〇％を超えているのだそうだ。

そんな国にいるせいなのか、この頃いつも心の中で渦巻いていることがあった。

みんな愛があっていいなあ！

だって、レストランに行っても私だけお誕生日席か、目の前に誰もいない端の席である。目の前の空席を見ると、否応なしに自分の人生における空席を意識してしまう。

いわゆる「結婚」にはほとんど興味がない私だったが、一緒に日々を楽しんだり、お互いを思いやったりする相手くらいは欲しい。気が合う人だったら、別に国籍も人種も問わない。

「最後の恋人と破局してから、もう何年も経ってるよ。このまま誰とも出会えないのかなあ」と愚痴ると、サキーナはシャーマンばりにこう言いきった。

「今年中にサマには恋人ができる。そんな気がする。私の予感は当たるから」

「え、ほんと！　信じるよ！」

とはいえ、同僚とつき合うことだけはごめんだった。家でまで、「ねえ、今日もインドの発言で総会が波瀾万丈な展開になったね」「例の報告書はどこまで進んでる？」とかいう会話をするなんて、色気がなさすぎる。

「いや、サマには外に恋人ができるよ。ヌ・タンキエット・パ！（心配しないで）」と彼女はさらに予言した。

＊

そんな人生の寂しさを紛らわすためだったのか、外の世界に出ていかねばという衝動だったのか。四月のある日、車を買ってしまった。しかも、メルセデス・ベンツである。と、書くとやたらとバブリーな感じだが、現実は激しく逆だ。

その車は、文部科学省から出向してきていた日本人同僚のMさんが売りに出していたものだった。国連にいる日本人同士は、メーリングリストでバレエやオペラのチケット、携帯、家具なんかを売り買いしていた。特に車は、頻繁に売買されるもののひとつだ。一度外交官プレートがついた車は、規則上一般の人に販売するのが極めて難しいという事情がある。だから、ほとんどの車は、国連職員や大使館員のネットワークの中で脈々とバトンタッチされていく。

問題のベンツは、十五年落ちで走行距離は十四万キロとかなりの中古車で、希望価格は三千ユーロ。私は車を買う気もないのに、暇だったので見せてもらうことにした。

待ち合わせにやってきた車は、どーんとフルサイズで色はガンメタグレー。四角いフォルムがガンダムみたいである。確かにバブルの時代にこんな感じの車が走ってたな、となつかしさを覚えた。

「じゃあ、運転してみてください」と促されるが、何せ教習所に通ったこともない人間で、運転もずいぶん久方ぶりである。ぶつけたら大変なので、車の運転が大好きなミローシュを電話で呼び出した。

やってきたミローシュは、なんだかよくわからないままに運転席に座らされ、十分ほど近所を走り回ってくれた。

「さすが、ベンツ。エンジンの調子はいいし、ハンドリングも軽快！　運転しやすいよ」とのコメント。

しかし、私はやっぱりこの車を買う気は毛頭なかった（ごめんなさい！）。「欲しい車と違うので」と、その場を辞した後は、車のことはすっかり忘れていた。

ところが二週間後、Mさんが私のオフィスになんの前触れもなく現れたのである。そしてずばり切り出した。

「実は車が売れなくて。やっぱりみんな新しい車が欲しいんですね……。廃車にしようと思ったんですが、もったいなくて。いくらでもいいから買いませんか？」

私が、ええと……と口ごもっていると、Mさんがたたみかけてくる。

「街中では、まだ四千ユーロで取引されている車ですよ！　もし引き取ってくれるなら、車を点検に出して、故障があったら直します。いくらでもいいです！　どうですか？」

脳がすごい勢いで回転し始める。

車？　今の生活で必要だったっけ？（いやない！）

あんなでかくて、灰色の車って好きじゃない（そうだ！　あれはおじいちゃんの車だ！）。

駐車場はどうするんだろう、いったい？（知らん！）

それに、そもそも私は一回もあの車を運転していない（試乗もしないで車を買う人いないよね？）。

……ところが、気がつくと「いいですよ」と答えていた。おいおい、と自分に突っ込みながら、口が勝手に動き、「七百ユーロでどうですか」とオファーまでしているではないか。

Mさんはとびっきりの笑顔で握手を求め、「ありがとうございます。じゃあ、それで！　また後日！」と言ったかと思うと、さあっと扉の向こうに消えた。

そして、車は一週間後、約束通り点検済みの証明書と共に引き渡された。彼は、鍵を私の手のひらに乗せると、「それでは、よろしくお願いします」と軽くお辞儀をして立ち去った。

その時になって急に不安に襲われた。

私は果たして車を運転できるのだろうか？　ちなみに、アメリカでは毎日運転していたけれど、その後の東京の生活では、合算しても十五分以上運転したことはなかった（そのうちの十分は、日本の一発試験の免許試験場だ）。しかも、パリは世界有数の運転の難所である。細い道が迷路のように交差し、一方通行だらけ。信号を守らない、ウインカーを出さないなんて当たり前だし、歩行者やスクーターもちょろちょろしている。ああ、怖い。

というわけで、車を動かす勇気はなく、ただ通勤途中に路上に置かれたままの車を見て、「あ、まだあそこある、よかった！」と確認するだけで一週間が経過した。サキーナの「一緒にドライブに行こう！」という誘いも、クリスの「ＩＫＥＡに連れてってくれ」というお願いも、「そのうちね」という日本人的曖昧さでかわしていた。しかし、いつまでもこうしていられないのは明白である。

日曜日の朝、今日こそやるぞ、と決心した。特に目指す場所はなく、ただ車を走らせてみるのが目的だ。車が少ない時間帯の朝八時過ぎ、意を決してそろそろと発進させた。カーステレオも携帯電話の電源も切る。とりあえず路地は避け、大通りに出ることにした。大通りはどーんと直線で信号も見やすく、なんら問題はないはずであった。ところが、すぐに何かがヘンだと感じ始めた。運転が久しぶりだからではない。そうだ、道だ、道がおかしい。

わかった、車線がない。道路は軽く三、四車線分あるくらいどーんと広いのに、白い線も、点線もない。だから、自分がまっすぐ走っていても、左右を走っている車がいつの間にかにじり寄ってきて、ひゃっ、ぶつかりそう！　という穏やかならぬ事態が発生する。パリでは、ウインカーを出さない人が多いと見聞きしていたが、当然である。車線自体がないのだから。周りの車は私におかまいなしに、びゅんびゅんと飛ばしてくる。まるで、怒り狂って暴走するオームの群れに放り込まれたナウシカの気分である。

怖い！　でも、でも、慣れなければ、この車の未来はない！　なんて責任あるものを引き受けてしまったのだろう。ほんとに、バカ！

オームの大群の流れに乗って、とにかく運転しまくる。目指す場所なんかない。とにかく走る、走る。大通りから小道に入ったり、小道から大通りに入ったり。二、三時間も必死に街をグルグルしているうちに気づいた。とにかく、他の誰かにぶつからないことを優先して走ればいいのだ。信号も、ルールも、ポリスも関係ない。ぶつかりそうになったら避ける、止まる、抜かすなどの瞬時の判断と本能に従うのがパリの運転なのだ。これは大発見であった。

アドレナリンを出し続けて、私はハイテンションのままパリ中をグルグルと走り回った。セーヌ川沿いの大通りからマレ地区を通り、バスティーユへ。そして、また西に車を向けて再びアクセルを踏む。あれ、なんだか、楽しくないか。いや、楽しい！

こうなると、悪名高き「凱旋門のラウンドアバウト」も切り抜けられる気がした。ラウンドアバウトとは、いくつもの通りが交わる交差点だが、ほとんど信号がなく、四方八方から車が自由に出入りするという円形の交差点だ（自由に乗り降りするメリーゴーランドみたいな感じだ）。

その日の卒業試験として、凱旋門のラウンドアバウトに挑戦することにした。そこは、シャンゼリゼ大通りなど十二の通りがいっぺんに交差するパリ最大の難所である。

コンコルド広場でハンドルを切り、シャンゼリゼ大通りに入る。そして巨大ブランドショップが並ぶ坂道をゆっくりと登る。目の前に、巨大な凱旋門がみるみる近づいてきた。その門を中心に、あらゆる角度から車が合流する巨大なメリーゴーランド的光景が展開されている。わわわ！　これは、正気の沙汰じゃない！

私は再度アドレナリン全開で、円に向かっていった。車線が曖昧だから、それぞれの車は異なる角度で円に突入していく。他の車の動きを見定め、慎重にハンドルを操作し、流れに乗ると、とにかく周囲にぶつからないように周回し始めた。入ってみるとメリーゴーランドはいくつもの層になっていて、それぞれが違うスピードで走行しているので、一層の恐怖をあおる。そうこうしている間にも、あちこちから車が私の前に自由に入ったり、出たり。

とにかく慎重に、慎重に円を一周した。二週目に入ったところで、もう限界だと、なんとか車をすり抜けてメリーゴーランドから外れ、再びまっすぐな大通りに出る。思わず、ふうと息をついた。

やりとげた、という確かな充足感と共に、今度はただリラックスして街を流した。驚いたことに、私はあっという間にパリの運転に慣れ親しんでしまったらしい。

やがて、このポンコツ車を「メル」と呼んで愛でるようになった。時おりミローシュが、課長・部長レベルだけにひっそりと配られるガソリンクーポンをくれた。これは、無税でガソリンが買える商品券で、地球温暖化を促進するこれまた矛盾をはらんだ制度だが、くれるものを拒む理由もないだろうと自分を納得させた。さらには、国連職員は、緑色の外交官用のナンバーなので、スピード違反で捕まることはまずない（外交特権だ）ということを知ると、旅の道連れに友人たちを誘って、パリジェンヌも認める横暴な運転でスイスやドイツの国境近くまで遠出するようになった。

北へ去る人、西から来る人

「サマ、私、ロンドンに行くよ！」

とサキーナが言い出した。理由はリュカである。

病気がわかってからのリュカは、すっかりふさぎ込んでいた。新卒の就職にすでに出遅れてしまったリュカは、今や「何もする気が起きない」というのが口癖になってしまった。そんな恋人の姿に、サキーナは心を痛めていた。彼女は突破口を見いだすべく、大胆な案を打ち出した。新天地のロンドンに移り住むことだ。

「なるほど、でもなんでロンドンなの」

「イギリスは景気もよくて仕事もあるし、人種差別がパリよりずっと少ないって。ロンドンでは、黒人でもふつうにいい仕事についてるんだよ。ただ、ひとつ問題があってさあ」

「問題？」

肝心のリュカが「行きたくない」と渋っているという。ロンドンは、彼にとっても慣れない外国で、余計面倒だと言われてしまった。そこで、さすがのサキーナである。なぜか、単身でロンドンに行くことに決めたそうだ。

「え～、一人で⁉ それって本末転倒じゃない？」

「そんなことないよ。私が仕事や家を見つければ、彼も安心して後から来られるでしょう」

つまりは恋人を追いかけてではなく、恋人を連れていくために、なんのあてもない国に単身で乗り込もうとしているのだ。

「そんなに先走らなくても。ロンドンなんて近いんだから、パリから仕事を探したら」と引き止めると、

「いや、そんなことしてたら、リュカはずっと行かないよ。私が勇気を出して一人でも行くことに意味があるんだ」

と猪突猛進のサキーナは決して揺るがない。

そして四月の終わり、サキーナは本当に仕事を辞めてロンドン行きの準備に入ってしまった。クリスも産休に入ってしまい、私は再び部屋に一人になった。

*

そんな頃である。一通のメールが届いた。

——こんにちは、お元気ですか？　僕は今スペインにいて、来週パリに行きます！——

ああ、そうだ。あの、ライターの若者だ、と名前を見て思った。彼とは前の年、年末の帰省中に、実家で開かれた恒例の忘年会で出会った。たしかサッカーを見るために世界一周旅行をするとか。ハイライトは、この夏のドイツ・ワールドカップだとか言ってたっけ。

メールを読むと、予告通りに日本を出発した後はオーストラリアから南米・チリに飛び、数ヶ月をかけて南米大陸を北上。そして、飛行機で大西洋を越え、スペインに入ったばかりだという。今度は、ヨーロッパを横断し、アジアに向かう予定だそうだ。

おりしもこの年のパリは、「ＵＥＦＡチャンピオンズリーグ」というサッカー大会の決勝戦の開催地に当たっていた。だから、ドイツのワールドカップを見にいく前に、この試合を見ようとパリに寄るようだ。

メールは「よかったらパリでメシでも食いましょう。そして、前に言っていたように、もしお邪魔じゃなかったら、数日間、家に泊めさせてもらうことは可能でしょうか。でも、無理だったら安宿に行くので本当にお気になさらず！」と結ばれていた。

確かに忘年会の時はずいぶん盛り上がった。彼は私が書いた機内誌のシルクロード紀行をたまたま読んでいたらしい。

彼の「あの記事、すごく面白かったです！」という言葉に私はすっかり気分をよくし、「世界一周いいですねえ！　パリで飲みましょう！　うちに泊まっても全然いいですよ！」と言ってしまった気がする。しかし、本当に来るとは思わなかった。どうするかな……。今さら断ったら悪いかなあ。

別に彼がどう、というわけではなかった。私の家は相変わらず人気の宿屋状態だったので、今や宿泊施設として完璧の域に達している。だから、泊めること自体はたいした問題ではなかったのだが、問題はメールの中の「チャンピオンズリーグの決勝戦の日」だった。それは、五月十七日で、父親の命日だったのだ。表向きはすっかり元気になったものの、まだ自分の中の「喪」は川みたいにどうどうと流れていた。

この一年、矛盾の中を生きていた。心の中では、父のことを忘れたくないと思い続けている。しかしその一方で、いつまでも思い出に浸っていたら身がもたない。だから、日常ではあまり考えないようにと努力する。しかし、その反動は週末や静かな夜に襲ってくる。一度それがやってくると、まるで猛吹雪の中にいるような状態になった。それは、もう二度と会えないという悲しみと共に、たとえようのない心細さだった。この世の中で、手放しで自分を応援してくれていた存在がひとつ消えてしまった。大変な状況の中でも、大学院に送ってくれ、海外生活を応援してくれた父は、もう、いない。それを意識し始めると、身動きが取れなくなり、ただ、嵐が過ぎ去るのを待つことしかできなくなった。そういう中で、日々仕事をして、生活を楽しもうとすることに必死だった。そして、昨日よりも少し楽になることを期待した。

でも、命日だけは別だ。どっぷりと悲しんでもいい日である。だから、花をいけて、静かに過ごそうと考えていた。そのために、素敵なガラスの花瓶も、もう買ってあった。

うん、旅人君には申し訳ないが、別の日に、ご飯にでも誘うことに決めた。

一度はそう思ったものの、翌日になると考えが変わった。逆に言えばその日は、彼はサッカーを見にいくに違いない。だから、その気になれば「一人しんみり計画」を実行できるはずだ。何も断らなくてもいいか。忘年会で会った限り面白そうな人だったし、世界一周中の人を我が家に迎えるのは初めてだ。人生を楽しむことだって大切だよね、と気持ちを切り替え、「どうぞ、ぜひ来てください。場所はボナパルト通り、二十五番地です…」とメールを返した。

＊

「お邪魔します！」と元気そうな旅人が、バックパッカーらしくない格好で玄関口に現れた。さっぱりとしたチェックのシャツに洗濯されたジーンズ、黒いバックパックにお洒落な肩かけカバンを担いでいる。

「あんまり世界一周してる人に見えないですね！」と言うと、「いかにもバックパッカー、みたいな汚い恰好は好きじゃなくて！」とさわやかに言った。ニット帽を取ると、髪はスキンヘッドに刈りそろえられていた。その日は夜が遅かったのですぐに就寝し、翌日改めて夕飯を食べにいく約束をした。

翌日、仕事から帰ると彼は家にいたので、そのまま夕飯に出た。家から五分ほど歩くと、たくさんのカフェやビストロが軒を連ねるビュッシー広場にぶつかる。車が入って来られない広場なので、大勢の人が路上に張り出した席で夕飯を食べ、明るい夏の夜を謳歌している。私と旅人君もさっそく木陰のテーブルを見つけた。

彼は、私の国連勤務にしきりに感心していた。

「すごいっすね！　いやー、国連！　マジ知り合えて光栄っす」

「いや、別にたいしたもんじゃないです！　日本の会社のほうが、残業とか規則がたくさんあって、よっぽど大変ですよ！　あの頃はきつくて、きつくて。今はかなり気楽にやってます〜。謙遜じゃなくて、ほんとです」

「あー、それよくわかります！」

聞いてみると、彼も二十六歳にして正しい日本の社会人ライフからすでにドロップアウトしていた。

「僕のほうは、広告代理店のD社に新卒で入ったんだけど、九ヶ月で辞めました。その会社で最速らしいです。理由？　だって、その時、ちょうど日韓ワールドカップだったんだけど、仕事が忙しすぎて全然見られなかったんですよ！　サッカーが見られない人生なんてありえないと思って！　十二月のボーナスもらった翌日に辞表を出しました」

退職した彼は、フリーランスのライターになった。そして、雑誌にたくさんの記事を書き、お金が貯まったので、旅に出たそうだ。今は世界一周しながら世界のサッカーの現場を取材して、雑誌に連載している。そう語る目が、絵に描いたように輝いている。

自由だなあ。彼ならば、年金をもらうためにピンとこない仕事を二十五年も我慢するなんてありえないんだろうなあ。それに、まだ二十六歳だもんね。私がちょうど大学院を出たばかりの頃だ。あの頃は確かに人生をもっと軽やかに受け止めてたな、と彼と私の間に流れる七年という月日を感じていた。

例の決勝の日、旅人君は「ダフ屋からチケットを買って見てきます！　千ユーロくらいは覚悟してます！　遅くなります！」と肩をいからせて去っていった。だから私は予定通りに、しんみり命日タイムと決め込んだ。

しかし、その一時間半後、ガチャガチャと玄関の鍵が回る音がするではないか。すぐに、ドスドスという足音がリビングに近づいてくる。

えっ、なんで帰ってくるわけ、とダッと寝室に駆け込んだ。彼は、そんな私の態度を変だと感じ、「どうかしたんですか」とそっと話しかけてくる、なんてことはまるでなく、「テレビ！テレビで見れますか!!　チャンピオンズリーグ!!」という断末魔の叫びが響いた。「ダフ屋に五千ユーロってふっかけられて、スタジアムで見ることは諦めました！　テ、テレビ！」

私は、さっと涙を拭いてリビングに出ると、急いでテレビのチャンネルをまわす。しかし、試合はケーブルテレビでしか見られないようだ。

「た、大変だ!!　どこか、スポーツバーありませんか！　うわ、もう始まってる！」

非常事態と悲劇をかけあわせたような雰囲気を前に、私は「探しましょう!!」と家を飛び出した。二人でビュッシー広場の方角にダッシュする。あの辺にテレビがあるカフェが何軒かあったはず！

カフェはどこもいっぱいだったが、ひとつだけテラス席が空いていた。「あそこ！　早く！」と私たちはあわてて腰かけた。テレビにサッカーが写っているのを確かめて、ほっと一息ついた。

人々はすでに試合に釘づけになっている。それは、FCバルセロナ対アーセナルというビッグクラブ同士の熱い戦いだったのだが、私はどちらのチームも知らなかった。観客がロナウジーニョらしき選手に向かって、「メルド！（くそ！）」とか「オフサイド！」とか叫んでいるのを観察しながら、心中は、よかった、よかったという達成感で満たされていた。

彼は気を使ったのか、試合の解説をしてくれたので、生まれて初めてフリーキックとかオフサイドとかの概念を断片的に理解した。試合はバルセロナの勝ちで、彼は「おかげでいい時間を過ごせました」と大喜びだった。やれやれである。一人しんみり計画は吹っ飛んでしまったけれど、これはこれでいい日だったなあ、と感じていた。

五月の雨のノルマンディー

私はその頃、週末のたびに愛車のメルと共に遠出していた。だからその週は旅人君を道連れに、フランス北部のリゾート地、ノルマンディーに行くことにした。フランスとイギリスの間を流れるチャネル海峡に面する海辺のエリアだ。朝早く出発して、昼頃にはノルマンディーに着き、ブラブラして夜遅くにはパリに戻ってくるという計画である。

高速に乗り、車を北に走らせる。朝はパラパラと小雨が降っていたが、次第に太陽が出て、ドライブ日和となった。彼はサッカー以外にも話題が豊富で、長い車中でも会話はつきない。キューバのチェ・ゲバラやマチュピチュ、インカ帝国の話なんかで時間が過ぎていく。

途中、ドーヴィルという古都で休憩し、パン屋や総菜屋が立ち並ぶ古い街を散策した。そして最終的な目的地、オンフルールの街に着くともう夕方だった。ひなびた港町で、ドックにそって木組みの古い建物がこぢんまりと佇んでいる。静かな港には、たくさんの船やヨットが停泊していた。

港が見えるカフェでお茶を飲みながら、世界一周の話を聞いた。ペルーの安宿にいた三匹のフレンドリーな猫のこと、ブラジルではアポなしでジーコを突撃取材したこと、マチュピチュに向かう電車の中で読んだ本のこと。中でも、何年も世界を放浪する、日本人の話に笑い転げた。

「その人、地図が大好きでマイ測量器を持ち歩いてしょっちゅう測量してるんです」

「本当にずっと持ち歩いてるの？　なんで？」

「地図を作るのが心底好きらしいです！　ソマリアとかガイドブックがない国の地図を作っている伝説の旅人で。その手書きの地図にはかわいい猫のイラストがあって、『おいでニャーごろ』とか言ってるんですよ。だから、本人もかわいい人なんだろうなって思ったら、ブルース・リーみたいなおかっぱヘアのイカツい中年の男が、ヌンチャク持って現れて」

「ヌンチャク？　何それ！」

私は笑いながら、本当によくしゃべる人だなあ、と感心していた。私は楽しみにしていたオンフルール散策も忘れて聞き入った。

「その人は、着くなりドミトリーにいる日本人バックパッカーをむりやり集めて、ヌンチャク講座ですよ。夜は夜で、カバンからでっかいデスクランプを取り出して、自分の頭に煌々と当てて、ごーごーと寝てるんですよ！　でも僕らは眩しくて眠れないんです！」

私は、思いっきり笑い転げた。


お茶一杯で盛り上がっていると、すでに夕飯の時間になっていた。さて、簡単に夕飯を食べてパリに帰ろうかと話していたちょうどその時、パラパラと雨が降り出した。

港に降り注ぐ雨が、帆船が停泊する水面に大きな波紋を作る。それをしばらく眺めているうちに自然に、

「どうしましょうか」

「もう面倒なので、この街に泊まるのもいいですね」

という話の展開になった。

夕食後、安そうな宿をいくつか当たってみた。ところが、どこもいっぱいで、空き部屋が見つからない。街の人に何度も道を尋ね、最後に古い屋敷を改築した宿屋にたどりついた。

アンティークのソファが並べられた豪華なレセプションで尋ねると、「一部屋だったら空い

てますよ。スイートルームですが」とのこと。値段はかなり高い。色んな意味で瞬間的に頭がカッと熱くなった。倹約旅行を続けているバックパッカーにはナンセンスだろうし、それに同じ部屋に泊まるというのもまずいだろう。

私は、とりあえず「えっと、スイートだけ空いてるそうです」と報告しつつ、こうなったら、頑張ってパリに戻ろうと覚悟した。しかし彼は、瞬時に「大丈夫です！　今までずっと倹約してきたから、たまにはそういう贅沢もいいですよね」とあっさり言った。それが決め手となり、もう成り行きでチェックインした。

ゆったりと造られた部屋だった。豪華というよりは、温かい雰囲気で、花柄のソファやテーブル、そしてキングサイズのベッドが配置されていた。

奇妙な緊張感を打ち消すように彼は、サッカーライターとして成功する野望について熱く語り始めた。

「僕は『あきらめたらそこで試合終了』っていう言葉が好きなんです。知りませんか、『スラムダンク』の名台詞！」

「漫画ですか？　読んだことないですねー」

「ダメじゃないすか!!　絶対に絶対に、今度読んでください！」

そうこうしているうちに、すぐに眠くなり、自然に二人とも巨大なキングサイズ・ベッドの端と端でぐっすりと寝入った。目覚めると、朝食を食べにいこうとすぐに宿を出発した。

翌日も弱い雨が降り続いていた。途中の街でのんびりとムール貝を食べているうちに、ついに土砂降りになった。叩きつけるような雨の中、田舎道をひたすら進むのは、運転好きの私にも辛い。

途中で、「僕も国際免許持ってるんで、運転代わりますよ」と彼が言ってくれたので「お願いします」と素直に代わってもらった。水族館の中を横断するように、車はパリに向かって進む。

今度は私が助手席で、国連ならではのエピソードを披露した。タバコカードに椅子戦争、L字ウォーズやパーティ三昧の会議……。

「それ、まじっすか？　やばいっすね！」

彼は、ハンドルを握りながら、大きなリアクションでよく笑った。そして、いつの間にか雨が上がっていたのでまた運転を交代した。

パリ郊外の渋滞を抜けて、市内に入る。

もうすぐ家に着くというところで、ルーブル美術館の横を通った。私は、ガラスのピラミッドが真横に浮かび上がるこの道を通るのがいつも楽しみだった。オレンジ色の光でライトアップされた夜のルーブルを横目に、石畳の道を進み、狭い門をくぐると、目の前にはセーヌ川が現れる。橋を渡る時には右手にはエッフェル塔が輝き、まるで映画の中にいるみたいだ。

ちょうどその時に、旅人君は言った。

「外交官ナンバーの車でフランスの田舎に行くなんてシャレオツな経験、俺の人生では一生に一度だと思います！　いい思い出になりました。ありがとうございました！」

その言葉で、はっと我に返った。

「一生に一度」にズシンときた。

そっか、これが最初で最後か。うん、彼の言う通りだ。私たちは、世界一周の途中ですれ違ったただけなのだ。彼はこうやって世界各地で思い出を作っていく。今はそのアルバムの一ページにすぎないのだ。

私は、どういたしまして、楽しんでもらえてよかったです、と応えた。

そして二日後、彼は「ありがとうございます！　行ってきます」と言い残して、ドイツのワールドカップに向けて元気に去っていった。

ワールドカップの暑い夏

国連内でも、いよいよワールドカップ一色のお祭り騒ぎが始まった。

誰もが仕事そっちのけで、やれ選手の動きが鈍い、審判が公平じゃない、俺はイタリアが嫌いだだのと延々と話のネタはつきない。自分の国が早々に敗退しても、同僚の国を応援するという手があるので、フォーエバーに盛り上がれる。

かつてイタリアに留学していたミローシュは「ああ、今ちょうどイタリアの試合中だ。なぜ俺は今ドイツにいないんだろう」と、悲嘆に暮れている。そんな人のためなのか、試合によっては大会議室のスクリーンがパブリックビューイングの会場として解放され、「仕事に支障のない範囲」で見にいくことが許された。なんとも寛容な職場である。

私も例外なく友人たちと夜な夜なパブに集った。日本代表戦は、日本人の同僚たちと一緒に出かけ、フランスの試合はみんなで出かけ、イギリスの試合はイギリス人の同僚と出かけ、としていると毎日非常に忙しい。しかもこれが、一ヶ月以上も続くのである。

その頃、国連事務総長のコフィ・アナンは、「国連はなぜワールドカップに嫉妬するのか」というコラムを発表した。それは、こんな風に始まる。

「これを読んでいる人は、なぜ国連事務総長の私が、サッカーについて書いているのかと不思議に思うことだろう。しかし実は、ワールドカップは、国連職員を嫉妬でいっぱいにしているのだ」

アナン氏によれば、当時のＦＩＦＡの加盟国は、実は国連加盟国より多い（当時のＦＩＦＡ加盟国の二百七に対し、国連加盟国は百九十一である）。そして、サッカーは世界中の人々がその動向に注目し、あらゆるカフェや街角で、議論が交わされている。「ああ、国連もそういう存在になれたらな」とコラムは結ばれている。確かに、私が国連に勤めて以来、こんなに職員が一丸となったことはなかった。サッカーは、国境を越え、年代を超え、すべてを超え、みんなの思考を支配していた。

しかし、コフィ・アナンにこんな職員もいたことを報告してあげたい。

日本対ブラジルの試合の一時間ほど前、日本人職員のKさんに廊下でばったり出くわした。四十歳台ですでに課長という優秀な人だが、とても気さくでその人柄が好きだった。日本人職員数人で試合を見にいくことになっていたので、

「Kさーん、私たち、今から日本対ブラジルを見にいくんです。よかったらKさんもどうですか？　一緒に応援しましょう」

と声をかけた。すると彼は、

「あれ、今ワールドカップなんだあ!?　知らなかった！　へえ、ふーん、日本対ブラジルかあ。じゃあ、きみたちはどっちを応援するの？」

などとおっしゃる。

Kさんは、コフィ・アナンが表彰すべき国連職員の鑑だ。国際公務員は、その国や個人の利益などよりも、人類全体の利益を優先しなければならないと、国連憲章に書いてある。Kさんは立派に日本人のココロを超越しているのであった。

私はといえば、ミーハー精神丸出しで、その時々の気分でいろんなチームを応援していた。人生で初めてサッカーを見ているわけだが、けっこう楽しい。フランス対スペインの試合でジ

ダンが一点を取れば、「よかった、よかった！」と祝杯をあげ、日本がブラジルにコテン、コテンにされると意気消沈した。そして、ジダンが率いる「おじさん軍団」のフランスチームが決勝トーナメントに勝ち進むと、完全にフランスに肩入れして、「頑張れー！」と目が離せなくなった。フランスが勝利した夜は、街は人であふれて、まさにお祭り騒ぎだった。至るところで歌が大合唱され、車に箱乗りした人々は叫びながら暴走。そんな空気に便乗し、深夜まで友人たちと飲み続けた。

はて、いったい私はどうしてしまったのか。サッカーを自らの意志で見ているなんて、完全に変だ。もちろん周りの人々の影響は否定できない。だって、毎日、寝ても起きても話題はワールドカップばかりである。周囲の環境に適応することで進化してきた人類として、当然の行動変化だろう。もちろん、旅人君は関係ない……はずだ。

私は、いつもの生活に戻ろうと再びセーヌ川岸を走り、マイプロジェクトに取りかかった。そうだ、向き合うべきはシュンさんの原稿だ。

幸せな夏至の夜

当時、国連のフランス語講座からはすでにドロップアウトしていた。午後は、色々なミーティングがあり、どうしても講座を休みがちになる。すぐに授業についていけなくなり、宿題もやっていないので行く気が失せ、何回も休むうちに、ついにドロップアウトしてしまったというわけだ。おかげで、フランス語はまったく上達を見せていない。

そこで、新たな対策として私は日本語を学習中のフランス人の男の子、エルベと〝エシャンジュ（語学の交換学習）〟をしていた。週に一度どちらかの家に行き、一時間はフランス語講座、もう一時間は日本語講座をする。彼は今年大学を卒業し就職活動をしている最中で、時間の自由がきくのもよかった。〝エシャンジュ〟は、自分が知りたいテーマで自由にしゃべっているだけなのでとても気楽で、国連の講座よりも自分に合っているようだった。そしてフランス語は少しずつ上達している手応えを感じていた。

ある日のことである。エシャンジュを終えて、エルベと一緒に夕飯を食べようと私は二人分のパスタをゆでていた。すると、唐突にバリトン歌手みたいな腹の底から出る歌声が聞こえてきた。声は窓の外、それもすぐそこから発せられている。

「向かいのアパルトマンの人が歌ってるよ！」

とエルベが楽しそうに声を上げた。

「え!?　あの、おじさんが？」

通りを挟んで向かい側には高級アパルトマンがあり、アンティーク家具好きのフランス人男性が一人で暮らしているのが、いつも窓越しに見えていた。

驚いて窓辺に行くと、確かにおじさんが窓を大きく開け放ち、通りに向かって全身全霊で声を張り上げているではないか。バックにはバイオリンとピアノの奏者が一人ずついる。曲は何かのオペラのようだ。

前触れもなく空中に現れた小さな舞台に、私たちはすっかり見入ってしまった。街行く人々も「なんだろう」と頭上を見上げ、立ち止まっている。

十分ほどで劇的なクライマックスを歌い上げると、おじさんはパタリと窓を閉じ、あたりにはいつもの日常が戻った。

「なんだったんだろうねえ」と言いながら、私たちはパスタの続きを作った。

その十分間の真実がわかったのは、六月二十一日の夕方のことだった。彼が、楽器奏者と出かけていくのを偶然に見かけたのだ。その時になって、そうか、「音楽の日（Fête de la musique)」に向けて度胸試しをしていたのね、と腑に落ちた。

六月二十一日のパリは、一日だけの音楽解放区だ。

これは、よくあるストリート音楽祭とはまったくコンセプトが違い、端的に言うと路上演奏の解禁デーなのだ。この日ばかりは、広場、公園、路地、橋の上、教会とありとあらゆる場所がステージになる。プロとかアマチュアとかも関係なく、事前登録も資格も必要なく、音楽のジャンルも自由で、本当に誰がどこで演奏してもいい。夏至の夜に、これから始まる夏をみんなで祝おうというわけだ。向かいの高級アパルトマンのおじさんも、きっと自慢の美声を披露しに出かけたに違いない。

その日はちょうど、ロンドンにいるソヘールがパリに遊びにきていたので、「歩きにいこう！」と街に出た。すると街は平常とはまったく別の様相を呈しているではないか。

セーヌ川に面した広場では、聖歌隊数十人がおそろいのユニフォームで大合唱。川岸にはサルサに合わせてクルクルと踊る大集団が出現している。

私たちは、街にあふれる音楽を聴きながら、いちばん盛り上がるマレ地区を目指した。

橋の上にはジャンベを打ち鳴らすアフリカ人の五人組。その横では少年少女がバイオリンの二重奏。広場では正装姿のフルオーケストラが交響曲を披露していた。

歩く先には何千組といった人々が楽器を鳴らし、歌い、踊っている。時には自宅のバルコニーから。時には、道路の真ん中で。そして、それらを眺めながら練り歩く数えきれない人々。時間が遅くなるにつれ、上からも横からもいろんな楽器の音が重なって、酔っぱらいは叫び、男と女は抱き合い、ゴミが舞い、もう街中がカオスである。

「なんて自由なんだ！　これこそ音楽をする喜びだよ!!」

私は心から感動していた。近隣の迷惑も、明日の朝のことも考えない。どこでもここでも、ズンチャカ、ドンドンである。

「地下鉄も一晩中走ってるから、帰りも心配しなくて大丈夫よ！」

とソヘールはビールをごくごくと飲んだ。

ありとあらゆる規制を緩めるだけで、人はこんなにも自由になれる。なんてシンプルで、懐の深い祭りなのだろう。

調べてみると、この音楽祭は、一九八二年に始まったらしい。当時の文化大臣たちが、子どもの二人に一人が楽器や歌を習っていると聞きつけ、「その子たちを路上に引っ張り出してみよう」と思いついたらしい。

「一緒に街で音楽を作ろう！」と呼びかけたところ、子どもたち、そして音大生や若いミュージシャンが自宅から楽器を持ち出した。そして、文化省は、プロのオーケストラやミュージシャンにも「ホールを去れ、街に出よ！」と激奨。年を重ねるごとに、参加人数は飛躍的に増えていったというわけだ。この「音楽の日」は、今やパリだけではなく、フランス各地ヨーロッパ、そして世界の都市に広がっている。

音楽の日のスピリットは、「ジャスト・ファン」。楽しいことがすべて。他には大義名分がないこの祭りは、フランス人の人生観を見事に表している気がする。アートとか音楽とか、そういうものこそ人生を美しいものにする。みんな楽器を手に街に出よう。そして、その日、その瞬間を思いっきり楽しもうじゃないか。

パリ市が、占拠されたスクワットをアーティストたちに明け渡したように、今日は行政が全ての人のために街を解放していた。

いいね、いいね。そうだよ、人生は楽しまないと。

この日、改めてパリに惚れ直していた。

戻ってきた旅人君

旅人君は、今頃どうしているだろう、と考えることはけっこうあった。いや、本当のことを言えば、かなりの時間考えていたと言ってもいいかもしれない。

ドイツからは、たまに思い出したようにメールが届いた。日本代表が負けて泣いたとか、安い中華料理を食べて食中毒で三日間入院したとか、ダフ屋からチケットを買ったら警察に捕まって留置場に一泊したとか。要するに、波瀾万丈で充実した日々を過ごしているようだった。

それを聞くと、嬉しいような、寂しいような複雑な気分になった。

七月に入ると、パリは本格的に真夏の太陽が射すようになっていた。フランスは強豪を破って順調に勝ち進み、周囲の雰囲気はますます騒がしく、暑苦しくなっていった。家にも職場にもクーラーがないので、猛暑の日は天然サウナである。

ドイツもこんなに暑いのかなー、と思っているうちに、残すところはイタリアとフランスの決勝戦だけとなった。

その時、再び旅人君から連絡があった。

―ワールドカップが終わったら、一度パリに寄ろうと思ってます。予定はいかがですか―

寄る？　またパリに？　彼の世界一周計画では、ドイツの後は東欧に向かうはずなので、完全に逆方向だ。もうサッカーの試合もないのに？　前に行かなかったルーブル美術館にでも寄るのだろうか？　それとも、もしや？

混乱しながらも、「大丈夫ですよ。荷物が多いだろうから車で駅まで迎えにいきましょうか」と返信した。

ロンドンに出発直前のサキーナを、カルティエ・ラタンのカフェに呼び出した。

「サマ（サキーナ）！　どうしよう！」

事の顛末を聞くなり、十も年下のシャーマンは、力強く断言した。

「サマ、言ったでしょう。今年中に恋人ができるって。その人だ！」

「いやいや、七歳も年下なんだよ。しかも世界一周中の旅人だよ！　ありえないって」

「なんで？　私とリュカだって人種も国も全然違うよ。歳なんか関係ないでしょ」

「いやいや、あるんだって。私がよくても相手がよくないでしょ」

「じゃあ、なんでわざわざ戻ってくるの？　サマに会いにくるんじゃないの」

「そうかなー。いや、でもやっぱりダメ。じゃあ仮に『おつき合いいたしましょう！』ってことになってもさ、どこで、どうやってデートするの？　相手は世界一周中だよ。えっと、『モスクワの赤の広場で会いましょう』とか？　『次はタージマハールですね』とか？　むりむり！　そんな人と恋したところで、なんも未来がないよ。わあぁ、自分ってなんてバカなんだ。っていうか、まだどうなるかもわからないのに妄想だけが進んでるよ」

サキーナはそんな私を落ち着いて見守っていた。

「ドント・ウオリー、ビー・ハッピー！　なるようになるよ。ロンドンで便りを待ってるよ。ね、お互いに頑張ろう」

イタリア対フランスの決勝戦は、国連の同僚数人とシャンゼリゼのバーで見た。ジダンが何かに怒り狂って、イタリアの選手の胸に思いっきり頭突きをしたのが最大の見せ場となった。結果は、大方の予想通りにイタリアの優勝で終わった。

長い狂乱の祭典もついに終わりだ。

＊

数日後、旅人君はのんびりと東駅に現れた。ドイツに向かった時よりも、さらに大きな荷物を抱えていて、ヨタヨタと歩きながら、「ワールドカップ、最高でした!」と言った。

その姿を見た瞬間、急にすべてがどうでもよくなった。何かの覚悟が決まった。

またすぐに旅立ってしまうとしても、歳の差でふられても、未来なんかなくても。今こうして目の前にこの人がいて、たった数日でも楽しい時間が続くのならば、それで充分だと思った。


翌日、私はいつも通りに仕事に行き、帰ってくると旅人君と二人でまたビュッシー広場に夕飯を食べにいった。彼は、この小さな広場がたいそう気にってるようだ。

「今日はどんなことをしてたの」と聞くと、「ずっと、のんびりしてました」と答えた。

朝はカフェでパンを食べ、午後はオペラ地区にあるブックオフで古本を買い、スターバックスのフラペチーノを食べながら、ずっと本を読んでいたと答えた。きっと、ゆっくりしたいんだな、と思ったのだが、翌日もその次の日もこの調子で、観光に出かける気配がさっぱりない。昼間はカフェで本ばかり読んでいるらしい。私たちは料理を作ったり、散歩にいったりして平穏な日々を過ごした。さすがに数日経つと、この人はいつまでこうしているのだろうか、という疑問がわいてきた。

「あの、いつ頃残りの旅に出発する予定なの」

ずっと聞きにくかった質問で、少しドキドキしていた。

「えっと、びっくりすると思うんだけど……、僕、実は世界一周をやめることにしました」

「えっ？」

その後の構想を聞いて、次の言葉が出なかった。なんと、彼はヨーロッパに移り住むことにしたというのだ。行き先は、スペインのバルセロナ。パリからこのまま日本に戻って、秋にはスペインに引っ越し、数年はいるつもりだという。

「スペインで、もっと本気でサッカーライターを目指そうと思って」

ワールドカップで出会った先輩ライターから、スペインリーグは日本でとても人気があり、現地に行けば記事を書くチャンスがたくさんあると聞いたのだそうだ。「そう聞いたらもう世界一周どころじゃなくなって。じゃあ今すぐ行こうって決めました」

決めたって、そ、そんなに簡単に？

戸惑う私を前に、「そしたら、いつでもパリに遊びにこられますから」とつけ加えることも忘れなかった。

そして、旅人は、恋人になった。

第四章 転がる石

国連職員は織姫と彦星

大きな決断というのは、人から見ると時に突然で、大胆なように見える。しかし、本人の中では、一滴ずつ水がしみ出すように始まっている。

その水は、いつか流れになり、小石を動かす。小石とは自分の奥深くに堆積した塊。ふだんはじっと動かないので、気にもとめない。しかしたぶん、私が国連に勤め始めたその時に、すでに小さな塊はそこにあった。そして、ゆっくりと水がしみ出して、流れになって、小石はころんと転がり始めた。

後から思えば、国連を辞めた経緯はそんな感じだ。

もう少し先の話である。

＊

日本に帰った旅人、改めI君は、九月に入ると本当にバルセロナにやってきた。すぐに私もスペインに向かった。パリはすでに肌寒かったのに、飛行機で一時間半のその街には、真夏の太陽がさんさんと降り注いでいる。世界の画面が一段明るくなったみたいで、自然に開放感があふれてきた。

空港からのバスを降りると、彼は約束通りにバス停で待っていた。巨大なリュックとカバンという格好で、まるで世界一周の旅を続けているみたいだ。住むところが決まっていないので、荷物を抱えて安宿を点々としていた。

久しぶりに知らない街の路上で顔を合わせると、今度はバルセロナでこうして一緒にいることが不思議で、軽い違和感を感じた。しかし、観光客が集まるランブラス通りを歩いているうちに、その違和感もかき消された。

一軒の小さいカフェを見つけて、コーヒーを飲む。

「家は見つかりそう?」

「うん、安く間借りできるところが見つかりそうなんだ。明後日そこを見にいってくる」

と彼は元気いっぱいに言った。

「もう色々と動いてるんだね」

「とりあえず生活資金を稼がないといけないから、日本で温泉のガイドブックの仕事をもらってきた。これから東北の温泉宿の電話取材するんだ。でもサッカーの企画もガンガン売り込んでいくよ」

家も仕事もないゼロからのスタート。でも、彼は不安よりも喜びで体じゅうが満たされているようだった。

その夜は、ランブラス通り近くのレストランに、パエリアを食べにいった。ボリュームたっぷりのパエリアが出てきたものの、あまりおいしくない。

「せっかく来てくれたのに、おいしい店にも案内できなくてごめん！　次に来る時までに地元の人ばっかりの安くてうまい店を見つけておくよ」と悔しがった。うん、と私はうなずいて、この人は本気でここに定住するつもりなんだな、と思った。

こうして、私たちの国境を行ったり来たりする日々が始まった。人生って不思議だ。たった一人の人間が現れただけで、生活が大きく変わるのだから。

その後、彼はうまくシェアハウスに潜り込んだ。偶然にも同居人はスペインのプロサッカー・チームで働く親切な日本人だった。

「俺ってホントにラッキーだなあ！」

と無邪気に喜び、その糸のような人脈を伝いながら、日本の雑誌に記事の企画を売り込み始めた。

この彼の部屋というのが、かなりの代物だ。個室の広さはたぶん三畳ほど。子ども部屋でよく見る、二段ベッドと机が合体した家具が置いてある。それだけで部屋は身動き取れないほどいっぱい。さらに、ひとつだけの窓はエレベーターホールに面しているので、昼間でも真っ暗でジメジメしている。私は一目見て「げ」と思ったが、四人きょうだいのI君は「生まれて初めての個室！」と喜んでいる。

それにしても、バルセロナの街は最高だ。パリに比べるとおおらかな雰囲気にあふれていて、山も海もあるのに、安いバルもサグラダ・ファミリアもついてくる。私たちは、彼の家の近くに絶品のイカスミパエリアを出す「エル・スケ」という店を発見した。これ以上何を望むのかというほどカンペキな街だった。

とはいえ、あまり仕事の依頼は多くはなかったようだ。

ある日電話がかかってきて、「ねえ聞いて！」と明るい声でI君が言う。

グッドニュースかと思いきや、「俺、生まれて初めて預金通帳がゼロになった！　やべえ！」というとんでもない話だった。

そんな綱渡り状態なので、「新しい仕事の依頼があったよ！」と聞けば、「よかったね、よかったねえ！」と涙を流さんばかりに喜んだ。だって、仕事がなかったら即帰国なのだ。それは、個人的に大変困る。

取材がない時は、彼は格安航空券でしょっちゅうパリに来た。洋介やエッツともすっかり意気投合し、一緒にスクワットやパーティに出かけた。そして、私も週末はスペインに出かけていく。降ってわいてきた幸福な日々は、それまで頭で想像していたより数万倍も素晴らしいものだった。その他のすべてが、どうでもよくなるくらいに。

日本の友人には、「国も違うのに、よく恋を続けられるね」と感心された。しかし、距離はまったくノープロブレムである。パリとバルセロナは、東京と札幌ほど。金曜日に仕事を終えたその足で空港に向かえば、もう九時頃にはタパスとサングリアで乾杯できる。航空券も、安い時期は往復数千円程度である。

同僚たちにはむしろ「近くていいね！」とうらやましがられた。転勤や転職が多い国連職員にとって遠距離恋愛は当たり前。アメリカとフランス、ケニアとスイスなどとグローバル展開も珍しくない。

「昔は、彼も私も別々の難民キャンプにいてたまーに衛星電話で五分ほど会話するだけだったわ！」という織姫&彦星並みにハードな夫婦もいた。国連職員は、会えなくても、声もろくに聞けなくても、たくましく恋愛をしているのである。

しかし、時は十一月。気づけば、もはや恋だのなんだのと浮かれている余裕はなくなっていた。まったく望んでいなかったのに、成り行きで夜のお仕事を始めてしまったのだ。

ソルボンヌ大学の怪

木枯らしが吹く寒い夜、大学の教壇でじっとりと嫌な汗をかいていた。

フランス人の学生三十人は、じっと私を見つめている。いったいこのアジア人の小さな女性が何を言い出すのかと興味津々なのだろう。

「それでは、授業を始めます……」

ああ、許されることなら今すぐ帰って布団をかぶりたいよ、と私は思った。

なんでこんなことになっちゃったんだろう。

事態は、夏のワールドカップの前までさかのぼる。サルサ男のクリスとたわいもないおしゃべりをしていた時のことだ。私は、ずっと温めていたひとつの構想を口に出した。

「せっかく夜は時間があるし、また学校に通おうかな。理想はソルボンヌ大学！」

「へえ！　何を勉強したいの？　また修士号でも取るの？」

クリスは私のモチベーションに感心している様子だ。

「まあね、でも卒業しなくてもいいの。学生証さえあればいいんだ！」

「へっ？」

私はパリに来て以来、ソルボンヌ大学に密かな憧れを抱いていた。理由は、ヨーロッパ最古の大学で、響きがカッコいいから。せっかくパリまでやってきたのだ。日本の友人や将来生まれるかもしれない孫に「私、ソルボンヌに通ってたんだよ」と自慢したい。我が家の近くには、グランゼコールのパリ政治学院（通称シアンスポ）などの名門校もあったが、私は脇目もふらず日本で名が知れ渡ったソルボンヌ一筋。

「というわけ。学生証さえあれば別に嘘じゃないでしょ。ひとつくらい授業を取らせてくれないかなあ」

「……ミーハーだ。君の動機は軽い。軽すぎる」

とクリスは、軽蔑のまなざしを向けた。

いいじゃん、別に。ほっといてよ。

クリスの冷たい反応にもめげず、今度はロンドン移住の準備中であるサキーナにも訴えた。

すると、クリスとは正反対の優しい反応である。

「ダコ～（フランス語でＯＫ）。じゃあ、ソルボンヌの先生を紹介するから相談してみなよ」

おお！　そういえば、彼女はソルボンヌの卒業生だったっけ。相変わらず頼りになる。

「いいの⁉　でも、入学試験とかあるよね、きっと」

「ジュ・ヌ・セ・パ（わかんない）。でも、留学生はいっぱいいるし、サマはすでに修士号も取ってるんだし、聴講生くらいにはなれるんじゃない。学生証さえあればいいんでしょ。私から先生に売り込んでおくよ、サマはとっても頭がいいって！」

そんな会話の数日後のことである。

「ランザロティ」と名乗るソルボンヌ大学の教授から電話があった。

「うちの大学にご興味があるそうで、少々お話をしたくて」

受話器から流れてくる低く落ち着いた声を聞きながら、「サキーナが話してくれたんだ！

わわ、どうしよう」とあわてた。まさか、孫に自慢したいので入学を希望しているとは言えやしない。

ランザロティ先生は、そんな怪しい私の態度にかまわず、今の仕事の内容や、学歴、過去の職歴について質問を浴びせかける。私は、とにかく必死に質問に答えた。

先生はそれを一通り聞くと、

「トレ・ビアン！　じゃあ、いつ打ち合わせができますか」

と聞いてきた。ただの入学希望者に、ずいぶんと親切な対応である。サキーナ、おまえはいったい何者なのか。

「ええと……」

と口ごもっていると、

「大学院の経済学部で秋の学期から、というのはどうですか」

と言う。

えっと、今の短い会話だけでもう入学が決定したのだろうか。そんなに大安売りでいいのか、ソルボンヌよ。

「本当に、私なんかがいいんでしょうか」

おずおずと尋ねると、先生はフランス語で何かをどっとまくし立てた。しかし、私のフランス語の問題なのか、どうも話がちぐはぐだ。

しつこく話を聞いてみると、一気に動揺が激しくなった。私が入学するのではなく、なぜか私が逆にソルボンヌ大学で「先生」として教えるという展開になっているではないか。

「セ・ブレ？（本当ですか）」

「プルコワ？（どうしてですか）」

という二つの単語をアホのように繰り返していたが、どうやら本当のことのようだ。サキーナの「売り込み」が功を奏しすぎてしまったようで、先生は私がとても優秀だと誤解している。私が急激に消極的になったせいか、先生は逆に説得するような口調になった。

「生徒はあなたが体験しているような〝生の現場の話〟を聞きたがっている。あなたにぜひ授業を受け持ってもらいたい」

生の現場……ってここのこと？　思わず薄汚れた部屋を見回した。

教えるっていったい何を？

こちらの大混乱をよそに、あれよ、あれよという間に、翌週にはミーティングに行くことが決まった。そして、大学で思わぬ歓待を受けると、お調子者の私は、「じゃあ、秋の学期からお願いします！」と言いながら先生と固く握手をしていた。

だって、「ソルボンヌの学生だった」より、「ソルボンヌの先生だった」のほうがカッコいいじゃない？

＊

そんなことがあって、すでに半年が経過していた。あのミーティングの日は、秋なんてずいぶん先のことに思えた。そして今年は、恋だのワールドカップだのと「この世の春」を詰め合わせにしたような夏が到来。大学のことが脳裏をかすめても、「ふふん、まだ時間はいっぱいある！」と夏休みの宿題のように取り扱っていた。

しかし、明けない夏休みはない。

秋になると着実に事務手続きは進み、私は大学院生向けの「開発プロジェクトの事後評価」という授業を担当することが決まった。講義時間は週に一度で、毎回三時間（長い！）。使用する言葉は英語とフランス語の両方。本来ならば、フランス語で講義をすべきなのだが、私の怪しいフランス語では授業に混乱をきたすだろう、と先生は適切に判断を下し、「英語とフランス語を交えてやってください。生徒にとってもいい英語の勉強になるだろう」（そんなんでいいのか？）という結論になったのだ。

内容に関しても、「お任せしますよ。今までやってきたプロジェクトやリサーチ方法の話をしてくれれば大丈夫でしょう」と、これまた大雑把。大学側から与えられた指示は、後にも先にも本当にこれだけ。あとはすべて自由にしていいという。

しかし、外国語で三時間も一方的に話すなんて、いやはや、恐ろしや。家でおびえているうちに、無慈悲にも、初回の授業が近づいてきた。

再びロンドンのサキーナにアドバイスを求める。

「いつもみたいに自然に話せばいいよ。仕事のやり方とか教えてくれたじゃない。あの通りに話しな」と軽い調子で言う。

サキーナはロンドンでたくましく生きているようで、すでに新しい仕事を見つけていた。リュカもロンドンに引っ越してきて、二人は一緒に楽しく暮らしているという。

そりゃあよかったねえ、と幸せな気持ちで電話を切った。

仕方なく、今度は「プレゼンの方法」というようなタイトルのよくあるビジネス書をブックオフで買ってきた。

読んでみるとこれが、なかなか興味深い。本によれば、人は退屈な講義やプレゼンを聞いていると、約七分間で空想の世界に入ってしまうそうだ。そして、七分後に始まる空想の多くが、なんと「いやらしい妄想」だという。だから、少なくとも七分ごとに、現実に引き戻す工夫をしろ、と書かれている。

なるほど。確かに、学生も私も三時間も集中力がもつとは思えない。ここがアムールの国、フランスだということを加味すれば、若者の空想はすばらしく過激な内容になることだろう。わ、そりゃ大変だ。

というわけで、「自然体で臨め」というサキーナの助言、そしてビジネス書のアドバイスをもとに、戦略を立て直した。まず決めたことは、先生ぶるのはやめようということ。そもそも「先生」なんてキャラじゃないから、無理をしないに限る。その代わり、問題を設定してみんなで考えたり、議論をするワークショップをすることにした。私も学生と一緒に手や頭を動かしていれば、なんとか三時間を乗り越えられるだろう。アメリカではよくある参加型の授業だが、「フランスでは非常に珍しい」と大学で教鞭をとってきたロホンが教えてくれた。

私は週末に、「仕事で培った経験」というよくわからないものを整理し始めた。そして、苦労しながら課題となるケーススタディをひねり出す。そして、いちばんいい回答を考えてみる。それは、もう涙ぐましい猛勉強である。果たして、フランスの学生さんたちは、喜んでくれるだろうか。

＊

「ねえねえ、あたしの長所ってナンだと思う?」

授業初日の朝、最近オフィスメイトになったワトソンの机にしがみついた。彼はいつも冷静沈着なアイルランド人で、驚くほど頭が切れる。ただ漢字を偏愛していて、白い紙を手にするといつでもどこでも漢字を書きまくるという奇癖があった。私が以前『薔薇』を書ければ、どんな日本人も驚かせられるよ」と教えたせいで、その日もノートに「薔薇」を念仏のように書きまくっていた。

今日の課題はすでにランザロティ先生を通じて、生徒全員に伝わっているはずだった。私なりに、解答へと導くワークショップのシナリオも考えてあった。しかし、不安は大きかった。アメリカ人みたいに「答えに賛成できない」「簡単すぎてつまんない」「解答よりいい答えを考えついた」などと豪語する頭脳明晰で率直な青少年たちだったらどうしよう。そして、私もわからないような難問を投げかけられたら? うわ、もうダメだ。三時間も引っ張れない。不安だ……。

こうなったら、自分の中のなけなしの自信を引っ張り出そうという作戦である。

「聞いてる!? 今すぐあたしの長所を三つ挙げて!」

優等生の彼は、はきはきと答えた。

「君の長所ね、それは笑顔だ、笑顔。えーと、それに、今日の赤いマフラーがとても似合ってる」

「それだけ？　もっとないの？　ああ、学生にいじめられないか心配だよお」

「大丈夫だろう。そもそも、フランス人男性は女性に優しいから」

「告白にいくんじゃないんだから。ワトソンってあてにならないよ〜！　もっと、あたしの長所〜！」

彼は、つき合いきれんとばかりに、「ボン・クラージュ！（頑張れ）」とランチに行ってしまった。

夕方、ボスに許可を得て仕事を早引きし、メトロを乗り継いで大学に向かう。

授業は夕方の五時半からなのだが、前のめりすぎて四十五分も前にキャンパスに着いてしまった。まずは自分が授業をするはずの「19番教室」を探す。

廊下を行ったり来たりしても見つからないので、学生に尋ねた。すると、「あんた、アホじゃないの」というパリジャンらしい態度で「この先の右側よ」と教えてくれた。確かに「19番教室」はすぐそこで、実はその前を何度も通っていたのだった。

こんなんで大丈夫かしら、と教室をのぞくとまだ誰も来ていない。

そこで、ハタと悩んだ。最初の授業でいきなり先生が一番に乗り込んで、教壇で待っているってヘンじゃないか。記憶の中の先生はいつも時間ぴったりか、二分くらい遅れて到着した気がする。そうだ、なんかヒマそうでかっこ悪いぞ。

時間つぶしに図書館に行くと、すでに閉館。仕方なく中庭のベンチに腰かけるが、心細い気分ばかりが募る。I君に国際電話をしてみたが電話に出ない。なんだよ、こんな一大事にまったくあてにならん。

トイレに行ったり、水を飲んだりしたが、そうそう間がもたない。仕方なくマヌケなのを承知で、教室で待つことにした。

そして緊張しながら一人で教室に三十分。

これは、どういうことなのだろう。開始時刻の三分前だというのに、誰も現れない。一秒ごとに不安が大きくなる。もしかして誰も来ないのだろうか。

そうしたら家に帰ってもいいのだろうか。

それとも教務課に連絡するべきだろうか。

脳が緊急事態を察知したようで、なぜかバレンタインの日にデートをすっぽかされた思い出ばかりがよみがえる。

廊下に出てみても、人っこ一人歩いていない。向かい側の教室は煌々と電気がつき、三十人くらいの生徒が机に向かって勉強をしている。あっちは真面目な生徒がいっぱいでいいなあ。

意を決して、その学生たちに相談してみることにした。何を？　わからないけど、寒い教室でモヤモヤしているよりマシだ。

「エクスキューゼ・モワ……。私は19番教室で五時半から授業を教えることになっているのですが、時間なのに誰も来ないんですよ。どうしたらいいでしょうか」

するると黒人の女の子がパッと顔を輝かせて、

「ボンジュール、マダム!!! この教室にいるみんながマダムの授業を取る生徒です。今みんなで課題を読んで勉強していたのです！」

と言うではないか。泉に清水がわき出すような感激を覚えた。

すごい！ ありえない！ そうして、時間ぴったりに授業は始まった。


私は必死にしゃべり続けた。とにかくわかりやすく。友達に伝えるみたいに。その日のテーマは、目標に対する成果を測る「指標」だった。

「〝目標達成の指標〟というと難しく聞こえるけど、私たちは日常でもいろんな指標をいつも使ってるよね。例えば、体重！ 体重は、なんの指標ですか？ 健康？ ダイエット？ はい、今ダイエットをしてる人？ 体重は測ってる？ そうだよね。でもさあ、人によっては、やせたい目的は〝健康〟じゃなくて、〝モテたい〟かもしれないよね。〝モテ〟の目標に対して、指標が〝体重〟だったらそれは、いい指標かな？ どう思う」

学生の反応はよく、「〝モテ〟は人間の出会いの能力だから、体重は関係ないよ。色んな指標を交ぜないと」と、積極的にいい発言をしてくれる。

「そう！　目標の本質を理解しないと、間違った指標で間違った努力をしてしまうんですね」

その後のケーススタディを中心としたワークショップは、フランスの学生には新鮮だったようで、それなりに盛り上がった。

翌日、学生と話をしたランザロティ先生は、わざわざ電話をくれて、「インペカーブル！（完璧だ！）みんな喜んでる！」と教えてくれた。

「やったー！　赤いマフラーとも関係なく、授業はうまくいったよー！　ありがとね」とすぐにワトソンに報告した。彼はちょうど教えたばかりの「檸檬」に取り組んでいるところだった。

しかし、喜んだのもつかの間、すぐに次回の準備を始めないといけない。夜はまた課題作りと勉強である。

幸せのカタチ

気づけば、三度目の冬が巡ってきていた。

シャンゼリゼやオペラ座界隈は、イルミネーションで彩られ始め、サン・ジェルマン・デ・プレの駅前ではクリスマスマーケットが始まった。この時期の名物、ヴァンショー（ホットワイン）を飲むことは楽しみなものの、やっぱり冬は嫌いだった。その暗さはヨーロッパに住んだ者にしか想像がつかないだろう。朝起きる時は深夜のように真っ暗だし、出勤の時も薄暗い（日の出は八時半！）。昼間もぶあつい雲がかかっていて、室内は電気が必要だ。そして四時くらいには日が陰り始め、帰宅時も真っ暗。勤め人にとっては、ランチタイムだけが唯一太陽が拝める時間となるわけなので、どんなにしみったれた天気でも外にランチを食べにいきたくなる。

十二月のある日、メキシコ人同僚のアルベルトとランチを食べにいくことになった。その日のパリは、珍しく雪が降っていた。滑りやすい足元を確かめながらベトナム料理屋にたどり着き、二人ともフォーを頼んだ。

湯気が上がるフォーをすすりながら、「最近は仕事どう？」とお決まりの質問をすると、彼は「いやあ、退屈だよ。相変わらず」と答える。それも含めて、お決まりの会話だった。彼は、「調達部」で働いている。職員のために机やパソコンを購入するという仕事だ。

「ま、僕の仕事は、数ある国連業務の中で最もエキサイティングじゃない仕事だろうね」と半ば自慢げに言った。国連の場合、机も椅子もだいたい同じモデルを買うので、金額の交渉も選択の余地もあまりない。毎日、各部署から上がってきたオーダー通りに、オフィス家具やパソコンの注文を入れ、届いたら各部署に配布する。

「そもそも『調達』なんて、どうやっても面白くなりっこないんだ。でもさ、このポジションに採用される時からそんなことわかってたし、むしろ正規職員になれただけ感謝しないと。それより、この餃子うまいよ。一個食べる？」

彼はフランスの大学院でＭＢＡ（ビジネスマネージメント修士号）を取り、短期契約で採用され、数年かかって今のポストを手に入れていた。

なんとなく気詰まりになって話題を変えた。

「シャンはどうしてる？　うまくやってるの」

彼は、同僚のタイ人女性とつき合っている。その恋人こそが彼の生きがいなのだ。

「もちろん！　実は、ついに結婚することになったんだ。結婚式は九月なんだ」

「わあ、よかったね、おめでとう！」

「もうひとつビッグニュースがあるんだ！　ついに夢がかなったよ」と彼は続けた。

なんと二人は、結婚を機にパリ市内にアパートを購入したという。

「すごいね！　どんなアパート？」

彼と私はほぼ同じ給料レベルなので、実際にどんなアパートが買えるのか興味深い。私も国連職員ライフがすでに三年目に突入し、周囲からは「そろそろアパートを買ったら？」と言われることも多かった。

「七十五平米。もっと大きいところ欲しかったけど高くて」

「それだけあれば充分だね！　場所はどこなの？」

「七区だよ（職場からもセーヌ川からも近い高級なエリア）。おいしいパン屋がいっぱいあるから好きなんだ」

「へええ、七区かあ。じゃあ、けっこう高いんじゃないの？」

「うん、まあね。えっと六十五万ユーロだった」

た、高い！　日本円にして約一億円である（当時のレート）。三十代前半のさして高給取りでもない二人が、一億円の家を購入するなんて可能なのだろうか。

「三十五年ローンを組んだんだ」と、麺をすすりながら言う。

「頑張ったねえ。月々の支払いはいくらになるの？」

「ええと、三千三百ユーロ（当時のレートで約五十万円弱）」

私は、ひっくり返りそうになった。それは、彼の給料ほぼ全額じゃないか。

「そうそう。でも、彼女の給料もあるから大丈夫だよ。僕たちは二人とも一生国連で働くつもりだし、五年くらい経てば二人とも昇給もあるよ。子どもは一人いればいい。ま、なんとかなるよ。年金もあるしね！」

な、なるほど。そういう考えもあるよね。

しかし、今の私にはそりゃあ無理だと思った。面白くもない仕事で稼いだ給料をローンにつぎ込み、パリに一生縛りつけられる。想像しただけで、暗澹たる気分だ。

しかしながら、これが彼にとってのドリームライフなのだ。それは、愛する家族と、安定した生活をすること。

そう、幸せとか不幸せは、その人の受け取り方次第。同じものを手にしても、人は幸せにも不幸にもなれる。アルベルトとシャンは、彼らの幸せのカタチを知っていて、それにまっしぐらだ。そうやって、人は「幸福な人生」を努力して形作っていく。しかし、自分はまだ幸せのカタチはよくわからなかった。アパートを買いたいとも思えないし、三年後のこともマジメに考えられない。それが、私だ。

レストランを出ると雪はやんでいた。

うっすらと雪化粧をした街は、ことのほか美しかった。

*

ランチから帰って、雪景色を眺めながらしばらくぼんやりする。

友達は大勢いる。恋人もいる。大学という新しいやりがいも見つけた。国連の同僚たちは親切で面白く、残業もたいしてない。それは、一見するとパラダイスな日々なわけだが、パラダイスであればあるほど、ある種の居心地の悪さを感じていた。

果たして、これでいいのだろうか。

正直言えば、自分はここでぬるま湯につかっていた。最初の頃は何もかも新しく、仕事に慣れることに必死だった。しかし、慣れてしまえば、己の限界に挑戦するとか、チームワークで〝ビジョン〟に向かって邁進、というような状況は皆無だった。もちろん周囲には真面目に頑張っている人もたくさんいる。しかし、全体的には、なんというか、「そこそこ」なカルチャーが蔓延していた。そこそこ頑張り、そこそこ休みながら、そこそこの結果を出せばオッケーという感じだ。それは、職員個人のやる気というよりも制度の問題だった。たとえプロジェクトに成功しても昇進することはない反面、失敗しても降格や左遷もない。だから、どうしてもこの辺でいいか、となってしまう。

その一方で、家族や余暇を大切にしたい人には最高の職場だ。私も、そこそこで仕事を切り上げ、飲みにいったり、バルセロナに行ったり、大学に出かける。夜八時まで働くと、「あー、頑張った、お疲れさま!」である。働き盛りの三十代として、これでいいのだろうか。

そして、私は自分自身の決定的な問題に気づいていた。それは、「昇進」というものにとんと無関心なことである。ピラミッドの上に行きたい、そのために上司に気に入られたい、という気持ちがまるでわかない。やる気がないわけではない。私は、昇進云々よりも、面白いことをやり遂げたい、エキサイティングな現場に関わりたい、誰かの役に立ちたいという気持ちが強かった。それさえできれば、上であろうと下であろうとかまわない。しかし、上に昇らないとたいして仕事の裁量権も持てないので、今のままでいいわけがない。

そもそも努力してもめったに上に行けないのがこの組織である。だから、ピラミッドの上に行くモチベーションもない私は、一生底辺でくすぶることになるだろう。そして、モヤモヤしながら定年を迎え、年金をもらいながらパリで静かに孤独な余生を送るのだ。

実際に、そういう人を見ることがあった。お年寄りになった元職員が、リタイア後もカフェテリアにランチを一人で食べにきていた。ゆっくりと新聞を読むその姿にはどこか哀愁が漂っている。

まだ勤めて二年ちょっとで、ぼんやりと自分の人生が見えた気がした。

それは、パリが舞台ということを除けば、静かな人生だった。ずっと途上国の現場に行きたかったのに、いつ私は道を間違えてしまったのだろう。あの時、勤務地が未定というルーレットに賭けたら、玉が入ったのがパリだったんだ――。

―お父さん、頑張るよ。だって、死ねないじゃない。お姉ちゃんが事務局長になるのを見るまではね、フフフ―

父はああ言ったけど、私は上に行けそうにないよ。そんな人間じゃないみたいだ、ごめんね、と思った。

しかし、矛盾することに、私はパリの生活自体は大いに気に入ってた。だから、週末に気分転換をすれば、そういうモヤモヤも帳消しになってしまっていた。

そして、誰もいなくなった

サルサ男のクリスも同じジレンマを抱えていた。

私たちはよくコーヒーを飲んだり、サルサを聴きながら、「こんなにのんびりしてていいのかなあ」と話し合った。クリスは育児休暇から復帰して以来、仕事らしい仕事を与えられていなかった。予算削減の波が激しく、彼が使える活動費は今やほとんどなかったのだ。だから、彼は他の人の手伝いや報告書の英語チェックをやらされていた。しかし、彼のキャリアも八年目で、転職からすでに一年近くが経ち、イライラは爆発寸前だった。

「アリオ、僕はもっとばりばり働きたいんだ！　世の中の役に立ちたくてここに来たんだ。でも、ここではむりだ。予算もないから、会議でも『政策レベルの対話』とか言いながら、雲をつかむような議論ばかりしている。こんなところにずっといたら気が狂ってしまう」

彼の言うことは、もっともだ。結局、どんなにプライベートが楽しかろうと、一日の大半を費やす仕事が充実していないと、人生の多くの時間が無駄になる。私もそう思うよ、と頷いた。

ボスたちも、クリスの気持ちは理解していた。しかし、彼らもたいしたことができないのだ。予算は二年間で縛られていて、うちのようなリサーチ中心の部署では急に増えたりすることはない。その一方で仕事はなくても、誰もクビにならないから人件費は減らない。

その反対に、業務は忙しいのに、人が充分に配置されていない部署やフィールドオフィスも数多くあった。各部署の正規職員（ポスト）の数は加盟国による決議で決められていて、減らすことは簡単だが増やすことはかなり難しい。そのため、ある国際的な条約作りや批准を行う部署などは、職員の人数が絶対的に少ないままだった。日本人同僚のユカリさんがそこで働いていたのだが、あまりの激務で失神する寸前に見えた。フィールドでも、もともと数人しか配置されていないスタッフが辞めてしまったりすると、業務がすぐにパンクした。それでも、私たちがヘルプにいくことは不可能なのだ。この人件費と活動費のアンバランスさは、組織運営上の最大の問題だった。

そういう事情がはっきり見えると、クリスはある日決断した。

「辞めることにした。人生は短いんだ。ぐずぐずしてるヒマなんかない」

そして、本当に退職願いをミローシュに送りつけた。

クリスの退職はすぐに受け入れられた。

さっそくミローシュから内線電話があり、「提案がある」と言う。

「なに？」

「クリスの送別会では、サンルイ島にあるバーベキュー食べ放題の店に行かないか」

なんだ、そんなことか。「了解」と、私は店に電話をかけて予約をした。

あっさりしたものである。

「辞めてどうするの」とクリスに聞いた。

「アメリカに帰って連邦政府に復帰する。かけ合って、ちょうど昨日再雇用されたよ。どうせ僕はフランスの生活も合わないしね」

「出戻るってこと？　そんなこと許されるの」

「当たり前じゃないか、僕はこれでも優秀な職員だったんだ」

このクリスの退職宣言は、ズシンとこたえた。また一人、愉快な同僚がいなくなるというのもショックだけれど、それよりも私と同じレベルのスタッフが、一年であっさりと辞めてしまうことが衝撃だった。初めて具体的に「辞める」という選択肢を突きつけられた気がした。

家に帰ると、いつものように一人分の夕飯を作り、お風呂に入りながら、国連を辞めた後の自分を想像してみた。

バスルームの窓からは、一年間眺め続けた空が目の前に広がっていた。ゆるやかな風が吹いて、湯煙が空に向かってふわりと吸い込まれていく。

そうしたら、また転職活動か。日本に帰って、どこかのコンサルティング会社に潜り込むかな。それとも、他の国際機関で働くという手もある。どちらにせよこの家とも、パリとも、友人たちともお別れかあ。

しかし、いくら想像しても、何かがしっくりこなかった。どんな未来を想像しても、それが自分の残りの人生だと考えると、どこか違和感を感じるのだ。アメリカから日本へ、そしてパリへと流されるように生きてきたけど、そのつけが今になって回ってきている気がした。

何かが、微妙にずれ続けている。

その微妙なずれが、今や取り返しのつかないほどのずれを生んでいるような気がした。しかし、そこまでわかっても最後は、「難関を突破して国連の職員になった」というくだらない自尊心が気持ちをかき乱した。

そうだ、自分は一度きりしか当たらないクジを引き当てたのだ。もう二度とこんなクジは引き当てられないだろう。やっぱり辞めるのは、もったいないよなあ。

I君は、私とは真逆のベクトルにいた。マラソンならば、まだ彼はスタート一キロ地点。夢に向かって他の選手の集団から抜け出そうと必死だった。

「俺は、あと数年は石に食らいついてでもここにいる。少なくとも次の南アフリカ・ワールドカップまではスペインで頑張る！」

というのが口癖だった。彼は、原稿の依頼があるたびに勇んでヨーロッパ中に取材に出かけていく。週末には、憧れの〝バルサ（FCバルセロナ）〟戦の記者席に出入りし始めた。何もかもがこれから、という時期だった。

私が国連を辞めてパリを去ったら、この人ともサヨナラになるのかもしれない。そう考えると、さらに問題はややこしくなった。

二艘の小舟が

しかし、年がら年じゅう悩んでいたわけでもない。モヤモヤとしながらも、私は日々を楽しくやり過ごす術を覚えていた。

メキシコにいるコンサルタントと下手なスペイン語でスカイプチャットしたり、またロンドンやワシントンＤＣに短期出張に出かけたり。

新しい同僚もうちの部署に、何人か入ってきた。彼らはなぜか揃いも揃って寿司好きだったので、ランチの時に歩いて十五分ほどの日本料理屋に連れていった。すると、「最高!!」「さすが日本人が薦める店は違う！」とものすごく喜ばれた。彼らは同時に「スシクラブ（Ｓｕｓｈｉ ｃｌｕｂ）」なる会を結成。単に、ランチに寿司を食べにいくだけの会なのだが、とにかく毎週のように開催される。私はだんだん往復三十分の道のりが億劫になり、「今日は仕事があって行けない」と断るようになった。すると、

「日本人なのにスシが食べたくないなんて、おかしい！」

「スシは日本人と食べたほうがおいしいから、とにかく来て」

などと説得され、すっかり忙しい。

親しくなった日本人同僚とは、仕事帰りにフレンチレストランやバーに寄った。もはやフランス料理は特別なものではなく、仕事帰りの居酒屋気分である。私は特に鴨料理が大好きで、夜ご飯は鴨のマグレと赤ワインというパターンだ。

そして、なんだかんだ言っても、じわじわとフランス的な価値観や国連的ライフスタイルがすでに自分を支配し始めていたのも事実だ。二十代の頃は、激しい競争社会の中で限界まで頑張っていたのに、それはもう銀河系の彼方のことのようだ。

今になってやっぱり思う。あの時は、いつも疲れ果てていた。友人とも会うヒマもなかったし、三食とも外食で、しょっちゅうタクシーに乗っていた。それでも、「やりたいことをやれてる」「充実してる」と思い込むことで、なんとか精神のバランスを保っていた。

あの頃のようにがむしゃらな時期は確かに必要だったのかもしれないけど、本当の意味では人生を楽しんでいなかった。反対にここでは、誰もが毎日を楽しく過ごすことがプライオリティ。無理な努力を重ねて、楽しみを先送りすることなどありえない。誰もがきちんと「今」を生きている。歌を歌い、新鮮な食材のご飯を食べ、誰かを愛していた。だから、「ここはぬるま湯だ」とか文句を言いつつも、結局はそういう価値観の中でのんびり、ハッピーに生きていた。

Ｉ君とは、よく旅に出かけた。どうせ飛行機に乗るんだったら、格安航空券で別の国に行っちゃおう、という発想だ。一年半で行った場所は、東欧三か国、フランスのピレネー地方やアルザス、スペインのバスク地方、モロッコ、イタリア、ポルトガル――。

贅沢はしない。安宿を渡り歩き、日がな一日、街を散歩してカフェに入ったり、公園のベンチで本を読んだりするだけだ。唯一の贅沢は、地元の人でにぎわう店や屋台でたらふく食べることだった。行き当たりばったりなので、しょっちゅう宿にあぶれてしまい、工事中の宿に泊まることになったり、蚤が大繁殖するベッドに寝る羽目になった。それでも、旅がめちゃくちゃであればあるほど楽しかった。きっと、こんなに気が合う人とはそうそう出会えないだろうなあ、とよく思ったものだった。

だからかもしれない。

結婚することになった。一緒にノルマンディに行った日から一年半後のことだ。

ある朝、自宅で目覚めた時に、彼が「結婚しない？」らしきことを言った。目覚まし時計を見るとすでに八時半を回っている。今から準備したら……、ひゃあ、完全に遅刻だ！　すぐに行かなきゃと飛び起きた。同時に結婚を申し込まれたことにもハッと気づいたので、

「いいね！　そうしよう。でもとりあえず仕事に行かないと！　また後で話そう！」

と、約五秒でその会話は終わった。

結婚するといっても、ただ籍を入れるだけだ。それぞれバルセロナとパリで仕事を続けるので実質的にはなにも変わらない。それでも籍をいれようと思ったのは、たぶん二人ともある意味「距離」とか「将来」をマジメにとらえていなかったからなのだと思う。別に深くとらえなければ結婚すること自体はイージーだ。私たちにとっては、結婚はこの先私がヨーロッパを去ろうと、彼が再び旅に出ようと、お互いを応援していこう、そういう取り決めだった。

私には、昔から結婚に対する独特のイメージがあった。それは洋上を漂う二艘の小舟だ。二つの舟の上から、お互いに「頑張って！　もっとこいで！」と声をかけ合う、それが私の理想の結婚のカタチ。たぶん、本来の結婚とは二人が一緒の舟に乗るべきものなのだろうが、私にはそういう「いつも一緒にいよう」というイメージが持てなかった。まあ、そのうちどこかの島に上陸できればそれでよし。

お互いの家族もとても喜んでくれたので、あとは書類を出すだけだ。

入籍に選んだ日は一月二十三日。イチ、ニ、サンがスタートダッシュみたいでいいね、と決めた。調べてみると、日本人同士ならば大使館に婚姻届を出せばいいらしい。仲よくしていた日本人職員のJちゃんとKさんに保証人欄の記入を頼む。二人とも保証人になるのは初めてなので、「これでいいのかなあ」と緊張しながら、騒がしいワインバーで無事に記入を終えた。

同僚には、入籍の一週間ほど前に打ち明けた。結婚式はしないので改めて発表するほどでもないが、言わないのもおかしいだろう。後輩のエリカと朝のコーヒーを飲んでいる時に、「あ、そうだ！　来週結婚するんだ」となるべくサラリと打ち明けた。

エリカは、サラリとは聞き流さず、「ワッツ!?　来週？」と驚愕し、「他の同僚にも言っていい？」と身体をじたばたさせた。

もちろん、と言うとすぐにオフィスに戻り、「ブレーキングニュース！」とみんなに触れ回った。すぐにミローシュが部屋に飛んできて、「ずいぶん急だな。なんか事情でもあるのか」と単刀直入に聞いてきた。

「ないです。あ〜、妊娠はしてません」

「いったいどんなヤツなんだ」

「バルセロナ在住のサッカーライター、日本人です」

「サッカーライター!?　俺のドリームジョブじゃないか。今度サッカーの話がしたいから絶対に紹介してくれ！」と言いながら、「よくやった、よくやった」と喜んでくれた。

同僚たちには、「どこで結婚式をやるのか」と聞かれた。

「大使館で」と答えると、次は「誰が参列するの」「両親や家族が日本から来るの」などと質問を浴びせる。

「ううん、誰も来ないよ。ただ書類を届けておしまい」

そう答えると、もれなく悲しそうな顔になり、説得が始まった。インド人同僚は、「インドでは結婚式は三日三晩続くんだぞ」と言い、アフガニスタン人同僚は「僕の時は参列者千人も来たもんだ」（それが平均らしい）などと教えてくれた。そのおかげで、それまで日本の結婚式は大げさすぎると思っていたが、世界に比べたらまったく地味なものだと気づかされた。最終的にはみんなが「とにかく二人きりなんて、悲しすぎるよ」と結論を述べた。私が答えに窮していると、オーストリア人美女のヘレナが、フォローに入ってくれた。

「でも、きっと二人でお祝いするのよね。旅行やレストランに行ったりするんでしょう。そういう結婚もすてきだわ」

彼女には、二十年近く同棲する恋人がいたが、すでに結婚式を十八年間も延期してきたというリベラルな人だった。

「いや〜、当日も別に予定はないよ、ははは」と笑うと、

「まあ!? せめて三ツ星レストランに行くとか、スペシャルなことをしたら!? 一生に一度のことなのよ」

とさすがの彼女も呆れた。私は、何もしなくても充分幸せなんだけどな、と思った。

しかし周囲では、じわじわと「祝福されないわびしいオンナ」という評価が固まりつつあった。そこで、私は「セレモニーは日本でする！」と言うと、みんな安心したのかやっと解放してくれた。

大使館に行く前日、ミローシュがミーティングを開くので会議室に集合、と招集をかけた。なんなの、忙しいのに、と思いながら会議室に行くと、部署の全員がすでに集まっている。そして、私が入るなり「おめでとう！」と声を上げて、拍手をした。

「これ、みんなからのプレゼントよ」

ヘレナから、白い封筒を渡された。中を見ると、二百数十ユーロの現金が入っているではないか。戸惑っていると、スコットランド人のメグが言った。

「結婚当日にも何も予定がないって言うから……お願い！　これで素敵なディナーを食べにいって！　ジョエル・ロブション（三つ星レストラン）に予約を入れておこうかと思ったんだけど、さすがにおせっかいだからやめといたわ」

どうやら同僚たちは、私の結婚の取り扱いに本当に心を痛めていた様子だ。そんな心優しい同僚たちに包まれて、やっぱり祝ってもらえるのは悪くないなあと思った。

私は、ありがたく封筒を受け取り、必ずやおいしいものを食べにいきます、と約束した。

＊

一月二十三日の朝、私たちは大急ぎで婚姻届に記入をした。そしてメル号に飛び乗り、午前中の受け付け終了の五分前に大使館に駆け込んだ。急遽午後から仕事を休んで、一泊旅行をしよう、という話にまとまったのだ。

大使館員は一通りの書類を確認すると、「はい、これで大丈夫です。受領します」ときわめて事務的に手続きを終えた。

「あっさりしてたねー。これだけかー」

「おめでとうとか言わないんだね」

「さすが日本の役所だねー。でも、これで結婚したんだよねえ」

「たぶん、そうなんじゃない、へへ」

マヌケな会話をしながら、そのまま高速道路に乗り、ロワール地方に向かって車を走らせた。ロワールはかつて貴族たちがこぞって城を建てたことで有名で、車窓からも点々と古城が見えた。

目指すところはなかった。たまに途中で車を止めて、冬枯れの木立の中のロワール川の岸辺や、古城の庭を散歩して過ごした。

シーズンオフなので、どこに行っても静かだ。そのうらぶれた感じが、なんとも心地がいい。散歩をしながら、ただ話し続けていた。彼の最近の仕事のこと。サッカー選手のこと。私がやっているプロジェクト。出会ったばかりの面白い日本人たち。それは、いつもと変わらない会話だった。

日が暮れる前に予約しておいた宿に向かう。さんざん道に迷いながらたどり着いたのは、部屋が二つだけの小さなシャンブルドット（B＆B）で、人のよさそうなオーナー男性と犬一匹だけが、ニコニコと私たちを待っていた。宿泊客は私たちだけで、案内されたのは、こぢんまりとした部屋。豪華じゃないところが、自分たちにぴったりだ。

しかしその部屋はトイレがこわれていたので、オーナーが別の部屋に替えてくれた。ただし、こちらは狭くて、オリエンタル風の妙なインテリアなのが残念だった。オーナーは、「こんな部屋でごめんなさい」と申し訳なさそうに謝った。私たちは、「いえ、問題ありませんよ〜」と答えながら、ところで私たち今日結婚したんです、と言おうかと思ったが、さらに恐縮させてしまいそうなので、やめておいた。

夕飯は「おいしいものを食べる」と同僚たちに約束したにもかかわらず、どこも予約していなかった。宿の周りには何もなさそうなので、しばらく車を走らせて、古城のふもとにある小さな街に出た。

車を降りると真冬の強い風が吹いていて、誰一人道を歩いていない。通りにも、明かりが消えた商店や寂れたお店が寒々しく続くばかりだ。

「寒いねー。何もないねー」

「うーん、ちゃんと調べておけばよかったね」

と言い合うが、後の祭りである。

暗い街を歩き回ったが、よさげなレストランは見つからない。そして、最後にはあまりの寒さに「もうどこでもいいから入ろう！」とおなじみの展開になった。

ようやく街外れの一軒の店に明かりが灯っているのが見えた。石造りの建物の半地下がレストランになっている。

質素なドアを開けると、大勢の地元の人が集まっていて、肉が焼けるいい香りがした。入り口近くにはバーカウンターがあり、奥に向かってテーブル席が続いている。暖炉に火が焚かれ、その前で大きなラブラドールリトリバーがくつろいでいた。

「あったかい〜」

案内された場所は、ちょうど暖炉の真横だった。さっそくラブラドールがI君のもとに寄って来て、顔をすり寄せた。犬が大好きなI君は、それだけでハッピーになり、「いやあ、最高にいいお店見つけちゃったね！」と言った。

私たちは、シェフのスペシャルコースで乾杯をした。またラブラドールが、くうん、と言いながらすり寄ってきた。私たちは、ご飯を食べ終わっても、犬と遊んだり、暖炉にあたったりして、のんびりと過ごした。最後に、メグやヘレナに見せるために写真を一枚だけ撮った。

これが私たちの新婚旅行だった。

パリの日本人を追って

「マイプロジェクト」は、文字通りマイペースに進めていた。写真家のシュンさんの後は、バスティーユで通っていた漫画喫茶のオーナーについて書くことに決めた。取材はうまく進み、この原稿はスムーズに楽しく書くことができた。

しばらくすると、また面白そうな人が見つかった。友人から「ヨーヨーで生計を立てている若い日本人がいる」と聞いたのだ。Ｙｕｋｋｉという名前で、大道芸をしたり、サーカスに出演したりしているらしい。

へえ、ヨーヨーってあの子どもの頃にあったヨーヨー？　あんなもんでサーカスに出られるの、と興味がわいた。

友人にそのヨーヨーマンの電話番号を教えてもらい、緊張しながら連絡を取る。まだ直接会ったことがない人に「取材」をするのは初めてだ。しかも、けっこう売れっ子のようでもあるし、発表する予定もない取材なので、断られても仕方ない。

電話に出た彼は、疲れたような口調で、「今、あんまり調子よくないから、気乗りしないけど……。会うくらいならいいですよ」と家の住所を教えてくれた。

電話口でのテンションの低さとは相反して、初めて会うＹｕｋｋｉは、「わー、こんにちは一！」と明るかった。顔は、まるで女の子のようにかわいらしく、身体は細身だが全体的には筋肉質でバランスが取れている。テレビで見るアイドルみたいで、わあ、今時の男の子だ、と思った。

もともとヨーヨーが大好きだった彼は、そのパフォーマンスで身を立てられないかと、高校卒業後フランスにやってきて超難関の国立サーカス学校に入ったそうだ。弱冠二十三歳で、フランス唯一のヨーヨーパフォーマーとして活躍しているという。その出演オファーは、すでに二年先まであるというのだから驚く。

「ヨーヨーで身を立てているなんて、すごいですね！」

「いやあ、そんなことないです。今ちょっと自信が持てなくて、悩んでいるところなんです」と急に彼はしょんぼりとなった。そして、ぽつり、ぽつりと話し始めた。しばらくするとエンジンがかかったのか、面白おかしくサーカス学校のエピソードを話していたが、話が「現在」に差しかかると、急に深刻な顔になって押し黙った。そして、ついに泣き出してしまった。

私は、ただおろおろしていた。嫌なことを思い出させてしまい、申し訳なかった。

「ごめんなさい……とにかくなんでも話してみてくださ い、聞くことならば、いくらでもできますから。私でよければ話を聞きますから」

彼は、「うん、今日なら話せる気がします」と再び語り始めた。

それから何回かお酒を飲みながら、彼の悩みを聞いた。話はたいてい深夜まで続き、時にさめざめと泣き出すこともあった。

「僕、どうやって、今の自分以上になれるのかわからないんです。もっとお客さんを楽しませたいのに、やり方がわからないんです。こんな今の自分に、生きてる価値があるのかなあ」

彼の悩みは自分のパフォーマンスについてだった。日本にいる時は技術力を上げればそれでよかった。しかし、フランスでは「表現」が求められる。周りには、サーカスの世界で活躍している人ばかり。その人々に「おまえしかできない芸術表現を見せてみろ」と求められる。その期待が、二十三歳の彼にずっしりとのしかかっていた。

彼は、たくさん友人がいるようだったけれど、ひどく孤独に見えた。たぶん、異国で表現者として生きるのは、孤独なことなのだ。誰もヨーヨーなんかやっていない国で、追うべき背中もいなければ、つかまれるロープもない。そういうギリギリを生きていた。

彼のことを書きたいと思った。

パリで表現活動をしていくことのしんどさを、彼は教えてくれた。それを、無駄にしたくない。

そして、Ｙｕｋｋｉの物語を書き始めた。

仕事から帰ると、毎晩パソコンに向かった。一度書き始めると、夜遅くまで集中力が続いた。彼が持つ生来の天真爛漫さ、そして深い悩みの森。彼が見たフランス。

彼の「元気ではない今の自分をそのまま描いて欲しい」という言葉に勇気づけられて、私は夢中で原稿を書き上げた。そして、急にこの話を世に出さなければ、と強く感じた。

必殺技としての長期休暇

それにしても、海外暮らしは出会いと別れの連続だ。一人に出会うと、一人が去っていく。誰かと出会い、ゆるやかに友人になり、気兼ねなく電話し合えるようになるまでにはすごく時間がかかるのに、去っていく時はあっという間だ。

いつか来る別れの時を埋めるように、私たちはよくピクニックに出かけ、パーティをした。我が家でパーティをする時は、張りきって手巻き寿司やとんかつといった日本食を用意した。エツツや洋介との数人だけの集まりもあったし、スクワットのアーティストや、国連の仲間、そして外で知り合ったフランス人などがごちゃごちゃと入り交じった大きなパーティもあった。

フランス人は、一度ワインと決めたらだいたいワインだけをずっと飲み続ける。そして、あまり量は飲まず、泥酔まではしない。その一方で日本人たちは、ビールに焼酎、ワインを次々に飲んで、最後は酔いつぶれる。それを見て、フランス人は「めちゃくちゃだ!」と呆れていた。

それにしても、フランス人は政治トークが大好きだ。最初は穏やかに会話していたのに、最後は大口論になることもある。そして、収拾がつかないままに夜もふけ、「さあ、帰ろう」となった時、口論していた二人は「今日は楽しかったわ！　会えてよかった！　オボワー！」とビズをして、上機嫌に去っていく。日本人とはずいぶん違うものだ。


オリエちゃんという日本人の女の子も、そんな風によく一緒に遊んだ一人だ。彼女はフランスの大学院に留学していて、インターンとしてうちの教育セクターで働いていた。人なつっこい性格の彼女がかわいくて、たまに一緒に家でご飯を作ったり、ショッピングに行ったりしていた。

彼女が無事にインターンを終えて日本に帰ることになり、私のオフィスに挨拶にやってきた。

「オリエちゃん、日本に帰っちゃうのか〜！　寂しいなあ」

「はい、日本で頑張ります〜！」

希望に燃えた彼女は、キラキラとした目をしていた。

「アリオさん、これ書いてくださいっ」

と一冊のノートを差し出した。それは、ウイッシュブックとか、そんなタイトルで、自分の夢や将来を書くという趣旨のものだった。パラパラとめくると、色々な人の〝ドリーム〟であふれている。

夢か……。

真っ白いページを目にすると、気恥ずかしくなり、今さら何を書いていいのかわからない。ずいぶん長いこと自分の夢なんか語ったことがない気がする。しばらく迷った後に、ノリだけで「作家になります！」と書いた。

冗談だったのだが、オリエちゃんは素直に「ありがとうございました！」と、去っていった。

残された私は、引っかかりを覚えた。なんであんなことを書いてしまったのか。「作家」は、中学生の時になりたかった職業だ。

それより、国際協力の世界でもっと大きなプロジェクトに関わり、途上国の教育問題に貢献するのがドリームだったはずだ。だから、国連に来たんじゃないか。

そういった意味では、私は今ドリームジョブに就いているはずだった。日々途上国の「文字が読めない人々」や「ストリートチルドレン」と向き合っている。それは、素直に嬉しいことだ。

ただし、それはあくまでもパソコンや会議の中だけだ。扱っているのも、知らない誰かが集計し、処理されたデータ。これでは、テレビの向こう側にいる人たちを応援しているようなものだ。だからだろう、実際のところ自分の仕事が大きな世界につながっている感覚はほとんどなかった。今や「マイプロジェクト」のほうがよっぽどリアリティがある。そこには生身の人間がいて、現実に起こっている手触りのあるストーリーだ。マイプロジェクトは今や単なる時間つぶしを超えて、熱を持った大切なプロジェクトに変化していた。お金にならなくても、誰にも読まれなくても、自分のやりたいという気持ちひとつが自分を動かしていた。

だから、妙なことを書いてしまったのかもしれない。

まあ、いいか、と仕事に戻った。その時の私には、それが自分の中の小石だなんて、気づいていなかった。

＊

その数ヶ月後の六月、私は無給の長期休暇を取ることに決めた。

国連では一年間までの無給休暇を認めている。勉強し直したい人や、家族の介護などの明白な理由がある人のための制度だ。私は、そういった深い事情は何もなかったが、とりあえず半年間の休暇を申請してみた。理由は、家族の事情ということにした。すると、たいして事情も聞かれずにあっさりと認められた。

ただ、ここから離れて、考える時間が欲しかった。

少しの間でいい。国連やパリの生活から抜け出してみたい。

結局のところ、いくら考えたところで、私の毎日はこの戦艦大和の中にある。ここのルールやカルチャーの中につかっていると、自分の本当の気持ちは曇りガラスの向こうにあるみたいだった。曇りガラスには確かになにかが映っているのに、どうやっても手が届かない。だからといって、一足飛びに辞める度胸もなかった。そこで、長期休暇というのがひとつの結論だった。これは、一度しか切れない必殺技のジョーカーである。この無給休暇制度は、休みが明けるタイミングで退職届を出せばそのまま辞めることもできるという「蛍の光」のイントロみたいな意味合いもあった。だから、半年の間に何らかの答えを出そうと決めていた。ここで頑張るのか、転職するのか。それとも全く別の道があるのか。とにかく、国連とか大学とか、そういう肩書きという鎧を脱げば、自分の手のひらには何が残るのかを知りたかった。

メルは、手放すことにした。車を保管しておく費用もバカにならない。「いざ」という時を覚悟して、荷物は少ないほうがいい。幸いメルは、日本人職員が五百ユーロで喜んで引き取ってくれた。私は二年間実質二百ユーロと保険料だけで車に乗っていたことになる。

最後の週末、I君と一緒にドライブに行き、その帰り道に彼に「お願いだから」と懇願されて、この二年間で初めて（！）メルを洗車した。見違えるようにきれいになったメルを引き渡した。

ただアパートだけは、また戻ってきたときの保険として、また貸しすることにした。再び何ヶ月もかけて家探しをするのは避けたいし、大量の家具の置き場もなかった。ネットの掲示板にまた貸しの案内を出すと、日本人の留学生がすぐに借りてくれた。学生でサン・ジェルマン・デ・プレの１ＬＤＫなんて贅沢じゃないかと思いつつも、とってもありがたい。

そして、雑多なものをどばっと捨て、オフィスを一通り整理し、国連の外にいる友人たちにも挨拶して、東京の実家に向かった。旅をするのではなく、あえて腰を落ち着けて人生を考えたかった。Ｉ君も夏はサッカーのオフシーズンで日本に戻るので、一ヶ月後に東京で合流だ。

＊

実家では、母や妹が私の居候生活を歓迎してくれた。二人とも、ゆっくりとだが、父のいない生活に慣れてきたようだった。簡素な仏壇が和室の隅に置かれている。私はお線香をあげて、結婚したことを報告した。

母が作った朝ご飯を食べ、毎日のように映画を見にいったり、ネコと遊んだり、プールに行ったりして時間を過ごした。気が向いた時は、妹の仕事をボランティアで手伝い、夜は友人と飲みに出かける。

友人たちには、「ねえ、毎日何してるの」とか「仕事もなくて退屈しないの」とよく聞かれた。

ず。

「ぜんぜん！　楽しいよ！」

別に精力的に活動していたわけではない。そもそも根がぐうたらなので、何も予定がない日が好きだ。そうやって、よく言えば〝自然体〟で過ごすことが大事なのだ。そうするうちに、きっとビビッという啓示や電撃的な出会いが降ってきて、自分の人生がぶわっと見えてくるはずだ。

最初の一ヶ月は、あっという間に過ぎ去った。七月に入ってI君が日本に帰ってくると、二人してうちの実家で居候生活を始めた。そして、せっかくだから改めて新婚旅行に行こうということになり、沖縄に出かけた（ところが、妹が「竹富島に一生に一度行ってみたかった」と言い出し、I君が「じゃあ、一緒に行こうぜ！」と誘ったので、結局訳のわからない旅行になった）。

沖縄から帰ると今度は、家族や友人たちを招いて結婚パーティらしき会を催すことになった。レストランでの気軽な集まりだが、みんなに楽しんでもらいたいと趣向を凝らし始め、架空の機内誌を作ったり、社会派きどりのドキュメンタリー映像を作ったりして、準備にかなりの時間を取られた。

無事にパーティを終えるとすでに八月が終わり、休暇は三ヶ月目に突入していた。I君もスペインに戻ったので、再びぐうたらライフの始まりだ。今度は実家に居候の子猫・ザビエルがやってきて、私は買ったばかりの一眼レフで、かわいらしい子猫を写真に収めることに日々熱中していた。

そして十月に入ると、えっと思った。

なんということだ。考える時間が欲しい、とカッコつけていたのに、時間があったらあったで何も考えやしない。むしろ、すこーんと何もかも忘れ、日々をエンジョイしているだけである。

たぶん完全に失業しているのならば、真剣に考えるだろう。しかし、いざとなれば仕事に復帰できるというのは、誠に中途半端だ。「背水の陣」感がない。この調子では、日々目減りする貯金通帳の他に得るものがないのは、明らかだ。

どうしよう。残り二ヶ月か。それでもまだ時間がある、なんとかなるさ、とすぐに気を取り直した。

この「ま、なんとかなる」は非常に厄介な代物だ。楽天的ともとれるが、要するにどこか真剣味に欠けている。しかし、これは私の元々の性格のようだった。

人は、「アメリカに留学して、現地で就職して、大手シンクタンクを経て国連に入り、英語の他にもスペイン語とフランス語を多少話せる」ということを知ると、私のことを「すごい努力家！」と思うようだが、それは誤解である。私はただその場の思いつきに身を委ね、「なんとかなる」と行き当たりばったりに決断し、タイミングよく転がってきたサッカーボールでシュートするみたいに生きてきただけだった。最近ではソルボンヌ大学で働き始めたのがいい例である。あんな風に、偶然に目の前に転がってきたものに飛びついて、後で帳尻を合わせるのに必死になるのだ。

そもそも、私が国際協力の世界に入ったのは、世界を変えたいからではなかった。大学院生の時に、コスタリカで出会った女性に恩返しをしたかったからなのだ。それは、三ヶ月間のスペイン語留学をした時のことである。

行き当たりばったり

コスタリカは中南米でいちばん治安がよく、しかも物価が安かったので、軽い気持ちで留学先として選んだ。情報はあまりなかったので、インターネットで検索して首都サンホセの学校に適当に決めた。ホームステイを斡旋してくれる格安パッケージがあったのがそこに決めた理由だ。

しかし私はこの語学学校がすぐに嫌になってしまった。何せ学生はアメリカ人ばっかりで、毎日パーティばっかり。当然英語がとび交うので、スペイン語なんてうまくなるわけもない。しかし、お金を前納してしまったので、我慢して数週間は通っていた。そんな頃、お土産物屋さんで見た一枚の素朴なお皿に惹きつけられた。ひっくり返してお皿の裏側を見ると、「ボルーカ」という文字。お店の人に聞いてみると、それは先住民の村の名前だと言う。ふと、「そこに行ってみたいな」思った。さっそく、週末にボルーカ村に行くことにした。ホストファミリーには散々「危ない」と止められたが、「大丈夫！」と出発した。

サンホセから長距離バスを乗り継いで、パナマとの国境近くまで行った。そこからタクシーをチャーターし、最後は山道を歩いて登った。

これで村が見つからなかったらどうしよう、と心配になった頃、山が開けて小さな家が張りついているのが見えた。喜んだのもつかの間、その時になって、ようやくここは観光客が来るようなところではないと気づいた。小さくて質素な村で、宿なんかあるわけない。そこで最初に話しかけたエリザベスという女性の家に運よく居候させてもらうことになった。ボルーカ村は居心地がよく、人々も親切で、私はしばらくここにいようと決めた。三世代が同居するエリザベス一家は明らかに貧しかったが、何も言わず三食のご飯を食べさせてくれた。食事は芋のスープとご飯だけ、ということも多かった。

数日が経ち、さすがに学校やホストファミリーも心配しているだろうな、と思った。帰る前にエリザベスに「何かお礼をしたい」と申し出ると、彼女はごく小額の現金がもらえれば、と言った。それは、本当に些細な額だった。

数日に一回は村にバスが来るからそれに乗りなさいとエリザベスが教えてくれた。しかし、バスがいつやってくるのかは彼女にもはっきりわからなかった。

その翌朝「バスが来てる！」と知らせが入った。エリザベスが「急いで、急いで！」と言うので、私は、走ってバス乗り場に向かった。そして、見送りにきたエリザベスの顔を見て、あの「約束」のことを思い出した。急いでお財布を開けると、彼女が言ったよりもはるかに高額のお札しか入っていなかった。どうしたらいいのかと躊躇する私に、エリザベスは「もういいから早く行きなさい。今度は私がサンホセに行った時に連絡するから」と笑顔で見送ってくれたのだ。

そして、どうしようと思っている間に、バスは動き出した。本当に何も恩返しをしないまま村を出発してしまった。

しかし、その後、山道を下りるバスに揺られながら、自分はなんてケチだったんだ！とショックを受けた。でもいいや、サンホセでまた会える、と自分を納得させた。

けれど、その後エリザベスに会うチャンスは二度とやってこなかった。きっとサンホセに来る用事なんか最初からなかったに違いない。

考えれば、考えるほどに情けなくて、こんなケチな自分をなんとか変えていかなければ、と痛烈に思った。それが、ひとつの原体験となり、あれ以来ボルーカ村みたいなところにまた行きたい、と熱に浮かされたように思うようになった。そして、国際協力という仕事につけば、またあんな村に行けるし、誰かの役に立てるはずと単純に思っていた。社会に出ていなかったあの頃、すべてはシンプルだった。

あれから、確かにずっと頑張ってきた。でも、それは「自分の夢や目標に向かって邁進する！」とか、「世界を変える！」というのとは何かが違った気がする。私はただ、目の前の小さな目標に一生懸命だっただけだ。あえて言うならば、私は世界を変えたかったのではない。いつも自分を変えたかったのだ。


休暇も残り二ヶ月になってくると、さすがに焦ってきた。なんでもいいから六ヶ月も休んだ成果が欲しいところだ。

あ、そうだ！　パリのインタビューを一冊の本にできないか、と思いついた。

そうだ、そうしよう。とりあえず目の前の目標に飛びついた。

完成していた原稿は四本。ふつうの書籍の分量の三分の一から半分だ。

とはいえ、出版社にはなんのつながりもない。そこで、まずは本屋に行き、よさそうな出版社の住所を十ほどメモした。そして、コンビニで原稿を大量コピーして、企画書と手紙をつけ、一緒に出版社に送った。


――パリで働く、自由な価値観の日本人を追ったノンフィクションです――

しかし、一ヶ月ほど待っても、どこからも返信がない。

なんで？　エッツもＹｕｋｋｉもすごく面白い人たちなのにさあ。こんなもんなの？

まったく拍子抜けである。

次に思いついたのは、友人・知人に頼んで編集者を紹介してもらうことだ。親切なデザイナーの友人が、書籍編集者にアポをとってくれた。できたばかりの東京ミッドタウンで待ち合わせをして原稿を読んでもらう。

「内容はまあまあだけど、ふつうの人のふつうの人生を描いた本というのは、たぶん売れないですよね。残念ですが、うちじゃ無理ですね」

はい、あえなく予選敗退。

次は機内誌でお世話になったライターの先輩を飲み屋に呼び出し、相談する。

こういう本って、どうでしょうか。

「ふつうの人のふつうの人生ねえ……。なんとなく聞こえはいいけど、あのねえ、本を出すってそんな甘いもんじゃないよ」と説教モードに入ってしまい、再び敗退。

最後に、ネットで見つけた書籍企画のエージェントに相談してみた。エージェント業をする編集の女性は原稿を気に入ってくれて、多くの出版社に打診してくれた。しかし、しばらくして関心を示す出版社はただのひとつもなかったとの連絡があった。

「出版界は不況ですから、自己啓発モノとか、ヒットになりそうな内容じゃないと手を出せないんですよ。パリだったら、ガイド本とかグルメ本とかはどうですか」と優しい声で諭された。スターバックスにて、三度目の敗退。

なんで、なんで？　みんな本当に面白い人たちなのに！

今考えると不思議だが、みんなが叫ぶ「出版不況」にすっかり納得してしまい、自分の原稿が箸にも棒にも引っかからない、ということには思い至らなかった。つくづくおめでたい。「頑張ったけどダメだった」と半泣きになってI君に結果を報告すると、「そんなに簡単に諦めちゃダメだ、たった一人だけでも編集者が気に入ってくれれば本は出せるんだよ」と慰めてくれた。「少なくとも俺はすごく面白いって思ってるよ。もっと色んな人に見せ続けないと」

彼の言葉には、いつも勇気づけられた。ただ、その「一人」はどこにいるんだろう。「そうだよね……。でもさあ、もう私にはなんの作戦も思いつかないよ」

そして、関西の友人を訪ねたりしているうちに十二月になり、いよいよパリに戻る日が来てしまった。なんの答えも出ないままに。

シャルル・ド・ゴール空港から自宅に戻って、螺旋階段を五階分昇る。鍵を開け、古いフローリングの床に荷物を置いた瞬間、時間がぐうんと逆回転して半年前に戻った。馴染みのソファに、ガタガタした窓枠に、教会から聞こえる鐘の音。そここそが、私が何年もかかって作り上げた自分の場所だった。

翌日はまた戦艦大和に向かい、受付で職員バッジを再登録。私は再び教育セクターを担当することになり、半年前と同じように仕事を再開した。オフィスの同居人はエリカと漢字偏愛家のワトソン。ボスはミローシュ。同じ椅子に、同じパソコン。

ソルボンヌ大学での授業も再開した。一年目の教材が使えるのでぐっと楽になり、緊張することもなく三時間をやり過ごせた。唯一の問題は、私がリラックスすると共に学生たちに完全になめられてしまったことだ。学生は、私に威厳のかけらもないことをすぐに感じ取り、とても正直に「プロフェッサー！　腹がへった！」「タバコ吸いたい！　五分休憩、シル・ヴ・プレ！」などとわがままを言い始める。私も三時間もある授業中にお腹がすいてしまうので、チョコや日本のお菓子を学校によく持ってきていた。

「じゃあ、コレ食べる？」などと分けてあげるのだが、当然そのような行為は、学生のなめた態度に拍車をかけるだけだった。そのせいなのか、授業はますます好評で、二年目には学生からの評価が、学部内で第一位になった。ランザロティ先生からはこの先もずっと続けてほしい、と熱心に言われた。

そしてまた、家のお風呂から日々変わりゆくパリの空を眺めた。季節の変わり目になると、素晴らしい夕焼けや朝焼けが見えるから楽しみだ。

再び冬になっていた。そうだ、ここが私のいる場所だ。

日本での半年間、あれは本当にただのバカンスだったのだ。

職場でリサイクルを！

ちょうどそんな時、毛色の違うプロジェクトが持ち上がってきた。

国連本部で「組織としての環境負荷を把握する」という決議が出て、それぞれの国連機関も自分のところの二酸化炭素（ＣＯ２）排出量などを報告せよ、という本部からのお達しがあったのだ。そして、その仕事がなぜかうちの部署に回ってきた。部内ミーティングで「この件に興味ある人？」とボスが聞いたが、誰もが、「それってうちの仕事じゃなくない？」「やり方がわからない」と戸惑っている。そこで、私はすぐに「やります」と手を挙げた。

別にいい子ぶっているわけではない。少なくともこの仕事では〝このビルの中〟が現場である。データも自分で取れる。色んな人に話を聞ける。面白そうじゃないか。

私は前々から、「サステナビリティ」や「地球の未来」を叫びながら、自分たちは紙もペットボトルもリサイクルしてない、ということが気になっていた。だからといって、それを変えるようなアクションも起こしてこず、ずっと流されていた。だから、せめてこの仕事に挑戦してみようと思ったのだ。そして、何より仕事として目新しいのがいい。

そこに「私もやります」と手を挙げた人がいた。スコットランド人のメグだ。すさまじいスコティッシュなまりでしゃべる元気な女性で、国際協力の世界で二十年以上の経験があり、一緒に仕事すれば学ぶことは多そうだ。

というわけで、さっそく二人で仕事を開始。フランス人のプロの環境コンサルタントにアドバイザーとして入ってもらい、彼女が作った手順に従って、データを集める。職員は日々何枚の紙を使うのか、暖房や冷房システムはどういう仕組みか、年に何回くらい出張で飛行機に乗るのか、公用車で使うガソリンの量、国際会議で出る廃棄物はどれくらいか、ゴミのリサイクルはしているのか。地道にデータを積み上げていくことで、一年間でどれほどのCO2を出しているのかを測るわけだ。

私たちはレストランや食堂の厨房や食糧貯蔵庫、ゴミ捨て場、幹部の秘書の部屋などに入っていき、ふだんはまったく出会う機会のない職員へのインタビューを始めた。うまくデータが集まると、メグは喜んで「ブリル！」と叫ぶ。ずっと意味不明だったが、どうやら「ブリリアント（Brilliant）」の短縮形で、スコットランドの言い回しらしい。

ビルの中には、思いもよらない場所がたくさんあった。例えば、地下のゴミ捨て場の奥の扉。そこを開けると、巨大な印刷工場があり、二十人ほどの人々が巨大な機械を操っているではないか。

「なにこれ!?　こんな場所にも職員がいるなんて知らなかった！」

「本当に！　ブリル！」

ここを訪ねるスタッフは稀なようで、私たちは大歓迎された。工場は、この組織が作る会報やパンフレット、資料、ポスターなど年間数千点の印刷物を刷りまくっていた。総会の前などは、夜を徹して印刷作業は行われる、そして会議後はすさまじい量の紙が廃棄処分になるという証言も取れた。

「ブリル！」

ゴミ処理業者にもインタビューして、毎日レストランから出る食料廃棄物の量も調べた。さらに、普段は見られない会計データベースに入らせてもらい、職員の出張の数と距離も割り出した。

「ブリル！」

「スタッフの日」で見た寸劇のように、私たちが「オズの魔法使い」のドロシーになって、探検をしている気分である。

しかし、データ収集はしばしば壁にぶち当たった。協力的ではない担当者は、「うるさいなー、おととい来い！」的な対応で、分析は袋小路に入り込んだ。私たちは何度も戦略を立て直し、根気よく進んだ。

調査が佳境に入るにつれ、メグは急に落ち込むことが増えた。

「なんで私がこんな目に遭わないといけないのかしら。ずっと教育プロジェクトの第一線で働いていたのに、今はゴミ捨て場をウロウロよ」

そもそもメグは精神的に不安定で、勢いがいい時とない時の落差が激しい。打ち合わせの途中でも「ライフ、ライフ、ライフ（人生、人生、人生）…」などと遠くを見つめたかと思うと、「気分転換してくるっ！」と立ち上がる。一時間以上経ってやっと戻ってきたと思ったら、長い髪をばっさりと切っていて驚かされた。

一方の私は、「メグ、これも地球環境を救うためだよ」と歯の浮くような台詞を言いながら、ますます元気だった。なんといっても、知らない人々に会えるのが面白い。それがゴミ捨て場の奥とか、キッチンの裏とか、データベースを管理している人、みたいなマイナーな場所であればあるほどやる気が出る。

最後には、多種多様なデータをえいと統合し、メグと分担して報告書を書き上げる。最後の章では「勧告」としてCO2排出量削減に向けて提案を行った。ヨーロッパ内の出張には電車を利用しましょう、紙やペットボトルのリサイクルをしましょう、という比較的ライトな提案から、ガソリンクーポンの廃止や総会への海外からの出席人数を見直す、という一歩踏み込んだ内容まで盛り込んだ。

報告書をまとめると、会議室で五十人ほどの前で発表した。

発表を聞いた職員には好意的に受け取られたようだったが、ここからが問題である。せっかくなので、改善策を組織的に取り入れてもらわないといけない。ただ、こういうのは闇雲にアプローチすると自爆する。

この五年間で、組織をいい方向に変えようとして、挫折した人を嫌というほど見てきた。組織トップの事務局長ですら、それは同じだった。彼は就任以来、職員を迅速にフィールドに送り込むための人事政策や、新しいプロジェクト管理ソフトで業務を効率化するというものまで色々なことを提案してきた。しかし、新たな提案のほとんどが保守的な職員の反発にあい、暗礁に乗り上げていた。

何かに反対する時の職員の一致団結ぶりといったら、目をみはる。露骨な根回しや労使闘争が行われ、あげくの果てに外交問題にまで発展し、多くの改革が骨抜きにされた。そういうことから、今や私には国連という組織がなぜここまで旧態依然としてるのか、そのオトナの事情まですっかり見えてしまっていた。

だから私たちは、「まずは、いちばん簡単なことから呼びかけよう。そうして成功体験を作ろう」という結論になった。そして、選んだのは「紙のリサイクル」。これなら、どう考えても導入が簡単だ。専用のゴミ箱を用意して、回収業者に依頼して、はい一丁上がり！

——というのは、まったく甘い考えであった。

＊

「ゴミ箱を買う予算がない」

廃棄物処理を担当する部署の部長に会いにいくと、でっぷりと太ったその人の最初の言葉がそれだった。

「各個室に専用のゴミ箱を準備しないといけないとなると、必要なゴミ入れは千以上に及ぶ。そんなの無理に決まってる」

検討の余地もない、という雰囲気だ。

でも、ゴミ箱は決して高価なものではない。一個三ユーロだとしたら、千個でもたかだか三千ユーロの話である。ビジネスクラスで一人が出張する以下の予算で、地球環境に貢献できるんですよと説明したが、担当部長は「とにかく予算がない！」の一点張りで、そう言われると答えに窮してしまう。

私たちは、必死で「じゃあ、ゴミ箱を買う予算は各部署で捻出するように呼びかけましょう」とか、「廊下に紙専用のゴミ箱を置いておいて共有するという手もありますね。そうすれば三百程度で収まるのでは」などと提案するが、担当者は蝿でも追い払うように首を横に振るばかりだ。

私たちは、子犬のようにキャンキャンとたたみかけた。

「リサイクルを待っている職員も大勢います。導入すれば、きっと喜ばれます！」

「そんなことどうしてわかるんだ。アンケートでも取ったのか」

「大した手間をかけずに、いいことができるんです。喜ばしいじゃないですか！」

「それはどうかな。きっと紙のゴミ箱の中にペットボトルを入れ始めるぞ。その時は、誰が仕分けするんだ？　そのコストは？」

「ゴミ箱に大きなラベルを張れば大丈夫でしょう」

「どうかな、そのラベルにも金がかかるんだろう。あのねえ、どうしてもやりたいなら、まず職員用の『紙リサイクル』トレーニングを開くというのはどうかね。職員全員がそのトレーニングを受けて、紙リサイクルとやらのやり方を理解したら、検討しよう。話はそれからだな」

と彼は言い放ち、一方的にミーティングは打ち切られた。

廊下に出ると、ううむ、と唸った。いくら環境問題に関心が低いとはいえ、ここまで真っ向から反対されるのは想定外である。私たちは「いいことを提案すれば、受け入れてもらえる」と無邪気に考えていた。しかし、彼にとって紙のリサイクルは、面倒をしょい込むだけにしか見えないのだろう。だから、「トレーニング」というもっとややこしくて予算がかかりそうなことを吹っかけて、うやむやにしようとしているのだ。そして、国連には本当に予算がなかった。コピー用紙やインクカートリッジすら買えないほど貧乏な部署もあるくらいだった。

メグは、「ここまで来たら、諦めないわ」と気合を入れ直した。彼女は、リサーチ段階でこそ泣き言が多かったが、交渉では人が変わったように粘り強かった。トップの人間たちを相手に、何度も熱弁を振るい、改めて環境問題に関するランチバッグ・セミナー（お昼休みにランチ持参で参加するトークセッション）を開いた。勢いがある時の彼女の言葉は実に説得力がある。さすが、長く経験がある人は違うなあ、と私は惚れ惚れとした。そして、一定の職員の賛同を集めると、例の部長のところに舞い戻っていった。形勢はじりじりとメグに傾き始めていた。メグの追及があまりにシツコいので、しまいには「スコティッシュテリア」（大胆不適で頑固な小型犬として有名だ）と異名を取るほどだった。

その間に私は、ヘレナとチームを組んで、タイとバングラデシュに出張に出た。久しぶりの現地出張は、目先が変わってけっこう楽しい。おいしい料理も食べ放題だし、ちょっとした観光もできる。しかし、同時にがっかりもしていた。ぎっしりと詰め込まれたスケジュールは、フィールド・オフィスの職員との打ち合わせや、その国の役人のインタビューばかり。相変わらずプロジェクトの現場を見学したり、一般の人に会ったりするチャンスはまったくない。これでは、打ち合わせの場所が単に物理的に移動しているだけだ。しかし、これが今私に求められている仕事の進め方なのだ。そうやって、たくさんの会議を重ねて、周囲が納得する報告書を書く。

出張から帰ってくると、ますます袋小路に入ってしまった気がした。

そうこうしていると、メグの交渉が身を結び、ついに紙専用のゴミ箱がすべての部屋に届いた。報告書を出してから半年以上も後のことだ。

私たちは、やったね！　と祝杯をあげた。しかし、ビンやカンのリサイクルはまだこれからである。ガソリンクーポンの廃止なんて既得損益がからむので、夢の向こうだろう。すべての提案を実現に結びつけるには、何年、いや何十年もかかるのかもしれない。とかく、この組織で何か新しいことを導入するのは大変なのだ。

共通の価値観がない！

いつも私は、不思議だった。国連は世界を代表するグローバルな組織で、頭脳明晰な選ばれた人たちの集まりなのに、どうして椅子だのゴミ箱だのと小さなことでいさかいが絶えないのだろう。私から見ると、国連はサファリパークのような状態だった。話す言葉も職場での格好も、ランチタイムもバラバラ。服装も自由で、スーツにサリー、セクシードレスに、民族衣装や浴衣にジャージ姿となんでもありだ。そして、私にすると、どうでもいいことにこだわってばかりだ。

しかし、ある日ハッと気づいた。

いや、そうじゃない。

私が感じる「変わった人」は、あくまで日本の物差しで言う「変わった人」だった。もしかしたら、彼らはただ祖国や自分の宗教の規範に沿って行動しているだけなのかもしれない。だから、日本の常識に照らし合わせて行動する私も、彼らから見たら、充分に変わった人なのかも。

初めてここに面接に来た時の、面接官の言葉がよみがえってきた。

ディス・イズ・ザ・ユナイテッド・ネーションズ（ここは国連なんです）。

これこそが、国連なのだ。国連とはその名の通り、世界の国家（Nation）の「連合（United）」なわけで、そこで働く人々にも、特定の国の価値観や文化を押しつけてはいけないと決められている。迷った時は、カウンセリングに行く人、アラーに祈る人、座禅を組む人、呪術師に会いにいく人が一緒に何かを成し遂げようとしている。

しかし、人間を結束させようと試みる時、共通の価値観やカルチャーほどありがたいものはない。「これを信じよう」という旗印があることで、利益第一の国際企業も、過酷な地域で働くNGOも職員を結束させている。そういう強く束ねる紐を持たない国連というのは、実は世界でいちばんカオスな職場なのかもしれない。

そうだったのかー。

そこに気づいてしまうと、爽快感と無力感が一緒にやってきた。

ふと、子どもの頃大好きだった小説が思い出された。

「この当たりには、どんな人たちが住んでるの？」

「あっちの方角には」右手をくるっとまわして、猫が言った。「帽子屋が住んでいる。それからそっちの方角には」今度は左手をまわして、「三月兎が住んでいる。好きなほうを訪ねてみな。どっちも狂ってるがね」

「狂ったひとたちのところなんて、行きたくないわ」

「それじゃどうしようもない。ここじゃだれもが狂ってる。おれも狂ってる。あんたも狂ってる」

「なんで私が狂ってるの？」

「そうでなきゃ、ここにきたりはせんよ」

ルイス・キャロル「不思議の国のアリス　新装版」訳：久美里美（図書刊行会）

そうだ、今や私もこの不思議の国のれっきとした住人だ。私だって、文句を言いながらも、ずっと役割を演じつづけてきたのだから。そして、この巨大な戦艦大和はずっとこのまま変わらないに違いない。

だったら選択は二つにひとつだ。この物語の役者の一人として最後まで役を全うするのか。それとも、早いところ舞台を降りるか——。そこまでわかると、妙に爽やかな気分だった。

パリでメシを食う人々

バルセロナ生活も三年目となったI君の仕事は、これまでにないほど順調だった。スポーツ新聞社と契約し、スペインサッカーの通信員になったのだ。有名な日本人選手の番記者に指名され、スペイン中の試合を追いかけて忙しそうだ。

私は、相変わらず出版する見込みのない本を書き続けていた。とにかく、いざとなったら一冊の本にできる分量にしておきたい。だから、「面白い日本人がいるよ」という噂を聞きつければ、積極的に会いにいった。パリでメシを食う日本人たちは、本当にたくましくて、面白かった。彼らを文章に書いてみることもあれば、ただ友人になる時もあった。

そんなたくましい日本人の極めつけともいえるのが、友人を介して知り合った鈴木健次郎という若い人だった。彼は当時「フランチェスコ・スマルト」というパリ最高のオートクチュールテーラーに勤めていた。そこは、一着数十万円もするという贅沢なスーツを仕立てる店で、顧客は世界の王族や著名人などである。三十代前半という若さで、チーフカッター（採寸や裁断を担当）という責任ある立場に就任し、大勢の職人集団を率いていた。

I君が自身のブログで彼のことを取り上げたことがきっかけとなり、仲良くなった。彼はある夜、私とI君を自宅の夕飯に招待してくれた。猫がいる小さなアパルトマンで、窓からモンマルトルの丘に佇むサクレ・クール寺院が見えた。しばらくすると、かわいらしい奥さんの美希子さんが仕事から帰ってきた。彼女はクチュリエという縫い専門の職人で、やはり名テーラーに勤めていた。二人はいつかパリで自分たちの店を持ちたいと考えていた。

彼らは、「世界でひとつだけのスーツを仕立てる」ことについて話してくれた。

「最高のスーツを作りたいんです。世の中にはゴミみたいな服が溢れているけど、僕は存在する価値のあるものを作りたい。別に有名になんかなりたくない。それが作れればいい。どうすれば、価値のあるものを作れるのか考え続けています」

彼らは内なる情熱や時間、そしてエネルギーのすべてを、世界最高のスーツを生み出すことに傾けていた。人生を懸けているといっても過言ではない。そのストイックさのせいなのか、二人はほとんど他の日本人とつき合いがないほどだった。その火傷してしまうような熱に圧倒されながら、帰宅した。

私たちはどんどん仲よくなり、いつしか二人を健ちゃん、美希ちゃんと呼ぶようになった。そして、I君を含めて毎月のようにお互いの家でご飯を食べたり、時に一緒に旅行したりするようになった。

I君の誕生日の時に、恐れ多くもオーダーのシャツが作れないかと相談してみた。すると、「ふだんはシャツはやってないけど、もちろん喜んで作るよ！　やりたい！」と快く引き受けてくれた。

採寸や生地選び、仮縫いを経て、でき上がってきた麻のシャツは、彼の体型にぴったりなだけではない。I君はふだんよりもぐっとスリムに、そしてチャーミングに見えた。本人も「これは、すごい」と大感激である。彼らは、襟やポケット、ボタンの位置まですべてを考え抜き、いちばんその人がかっこよく見えるように作っていた。さらに、サプライズは続き、「こっちは僕らからのプレゼントだよ！」と、もう一枚のシャツをプレゼントしてくれた。それは、赤い縦縞のびしっとしたシャツで、明るい性格のI君によく似合っていた。

こういう出会いこそが、パリに住む醍醐味だった。ここで出会った大勢の日本人から受けた影響は、計り知れない。洋介から始まり、エッツ、写真家のシュンさん、Ｙｕｋｋｉに健ちゃん。彼らはやり方は違うものの、みな表現すること、卓越したものを生み出すことに飽くなき情熱をぶつけていた。彼らが生み出す作品は、リアルな世界そのものだ。人が感動し、生きる活力を得る、そういう種類の作品だ。そういうものに触れると、心が震えた。

その頃、東京では予想しないようなことが起きていた。少し前、「パリの日本人」の原稿は、妹のサチコの計らいで某出版社の女性編集者に手渡されていた。その女性は、数々のベストセラーを生んだ敏腕編集者だと聞く。とはいえ、あまり期待はしていなかった。また、「売れない」とか「つまらない」と言われる心の準備はしっかりとできていた。

ところが彼女は、どちらの言葉も発さなかった。彼女はただ、原稿を「しばらく預かりたい」と言ってくれた。

後から聞いたところによると、その人はこの原稿を気に入り、社内の出版会議に出した。しかし、やはり売れそうにないという理由で落とされてしまったそうだ。それでも、非常に粘り強く周囲を説得してくれたらしい。私の手元には、すべてが決まった後に「朗報」というタイトルのメールが届いた。そこには、「単行本ではダメでしたが、代わりに文庫本として出版させて頂けることになりました。とても嬉しいです」と書かれていた。

その時の気持ちは、表現できない。

最初の一文字を書いてから、四年半という歳月が経っていた。

まだ会ったこともない人が、本を出してくれるって？　今まで「売れない」としか評価されなかった、この原稿を？　ほんとに？

まだ現実感を持ちようがなかった。

ただ、自分の奥底にある感情が、地鳴りのような音を立てて噴出してきた。

I君が言う「たった一人の人」は、本当にこの世にいたんだ。その人に出会えたんだ。この原稿が世に出ていくんだ。

私は五分ほどパソコンの画面を何度もスクロールして、そのメールを何度も読み返した。ありがとうございます、とメールを書き始めたのはしばらくしてからだった。

そして書き終わると、涙が出ていた。ただ嬉しくて。

ホームレスの親子

石はすでにどんどん転がり始めていた。私の中の川はいつの間にか、大きな流れとなって見えない出口を目指していた。二〇一〇年の初頭、堤防をぶち破る最後の一押しがやってきた。

オフィスビルの裏門のすぐ横に佇む、ホームレスの親子だ。アラブ系らしく頭にスカーフを巻いたお母さんが、三歳くらいの男の子を膝に抱きかかえ、冷たいアスファルトの上にペタリと座り込んでいる。男の子はしっかりとお母さんにしがみついている。二人の前には小さなコップが置かれ、中には数ユーロ分の硬貨が入っていることもあれば、空っぽのこともあった。お母さんは、国連職員や各国代表団が通り過ぎるたびに、小さな声で「シル・ブ・プレ（お願いします）」とつぶやく。

二人は、雨の時以外は毎日のようにそこにいた。

スコティッシュテリアのメグは、人一倍正義感が強かった。ある日、彼女はコップに硬貨をチャリンと入れてしゃがみ込み、「子どもを学校に行かせないとダメよ」と説教を始めた。お母さんはフランス語がわからないのか、ただメグを真っ黒な瞳で見つめ返した。メグはバツが悪そうに立ち去った。他の同僚は、無言でポケットに入っている硬貨をジャランと投げ入れ、何ごともなかったように立ち去った。

　私は、自分の取るべき行動がわからなかった。

　教育の世界ではよく「貧しい人に金品を与えていても、その人を助けることにはならない。その人の自活の方法を教えよ」などといわれる。確かに、そうだろう。しかし、親子はそんな教科書上の理論を打ち消すように、圧倒的な存在感で、そこにいた。一枚の扉の向こう側では、外交官たちがカクテルを手に「これからは教育の質が問われる時代！」「いや、まずは世界のすべての子どもに教育を受ける機会を！」などと語り合っている。議論が白熱しているのか、その数メートル先の子どもは目に入らない様子だ。

　ある夕方、私は二ユーロ硬貨をそっとコップに入れてみた。硬貨がリンと音を立てると、お母さんは小さな声で「メルシー」と言った。別の日は、たまたまカバンに入っていたバナナをコップの横に置いた。振り返ると、母は子にバナナの皮をむいてあげていた。私はできる範囲で、お金や食料をそっと置くようになった。

　しかし、行動の具体性と反比例するように、自分の中の混乱は深まった。私が何をしようとも、相変わらずお母さんはアスファルトに座り込み、男の子はお母さんにしっかりとしがみついている。このまま日々、二ユーロを入れ続けるのか、もっと増やせばいいのか、同僚にも頼むべきなのか。

　インド人の同僚たちと一緒にいる時に、また親子を見かけた。彼は二人をちらっと見ると

「あれは本当の親子じゃないかもね。ああやって、ジプシーは子どもを借りてきて、商売してるのさ。インドと同じだよ」と言う。他の人も、「残念ながら、あれが手なんだよ。だから下手に何かをあげないほうがいいんだ」と頷いている。それじゃあ、あの人たちは国連が叫ぶ「救われるべき世界中の人」に入らないのか。私はますます混乱した。

ある日、ついに裏口を通るのをやめ、遠回りして正門から出入りするようになった。当時はなぜそんな行動を取ったのか、不可解だった。でも、今はわかる。たぶん情けない自分にいらつて、親子を見ないようにすることで思考をストップしたかったのだろう。しばらくすると親子はいなくなっていた。

これは、もうだめだ、とはっきり感じた。私は、ここにいてはいけない。このままここにいたら、なりたかった自分とはますます遠ざかっていく。自分の足で歩くことを忘れて、あのケチな自分に戻ってしまう。その時、最後のドアが開いた。

もう、行かないと。

ただ、自分に正直に生きたかった。政治的なかけひきや、大人の事情とは無関係に、やりたいと思うこと、行きたいと思う方角、一緒にいたいと思う人に向かい合いたい。私は自分が思う道を、自分の足で歩きたい。その時見えてくる世界は、どんな世界なのだろう。キャリアとか、ステップアップはどうでもいい。国連職員という肩書きや、難関を突破したという事実もいらない。

それより、自分は自分でいたい。

きっと、なんとかなる。次の仕事なんかなくても、未来は混沌としていても。それよりも、今は大きくなりつつある内なる声を無視するほうが怖かった。それは、パリに来て、初めてスクワットに行った時から聞こえていた、小さな囁き。

——書きたい。

大きなものに頼るのをやめて、一人の表現者として生きていったらどうなるだろう。うまくいかなければ、その時考えればいい。だって、パリで生きるみんなが教えてくれた。人はどう生きることもできる。


私はバルセロナに飛び、国連を辞めるとI君に話した。

「そう、決心したんだ。よかったね」と彼は言った。

「今度こそパリを去ることになると思う」と私が言うと、I君は「なんとかなるよ」と笑って「とにかくおめでとう」と言ってくれた。

月曜日、朝一番でミローシュの部屋のドアをノックした。

第五章　不思議の国の魔法はとけて

退職します

月曜日の朝、ボスはあまり機嫌がよさそうではなかった。私はかまわず「今五分ほどいい？」と話し始めた。

「アイ・アム・リービング・ザ・オーガニゼーション（私、組織を去ります）」

唐突なわりに、「ちょっと出かけてきます」みたいな気軽な言い方をしてしまったので、彼はきょとんとして「なんだって？　どこに行くの？　バカンス？」と聞き返した。

「いや、仕事を辞めます」

今度はハッキリ言うと、彼は「は？　ちょっと、待った！」と姿勢を正した。

「どうして？　説明して。転職することになったの？」

うまく説明ができないので、「いや、転職するかはまだわからないけど、とにかく辞めます」

と答えた。彼は、眉をひそめながら数秒押し黙った。

「アリオ、君は同僚であり友人だ。だから言おう。何があったか知らないけど、焦って仕事を辞めてもロクなことないよ」

私は、何も言わずただ頷いた。

「よく考えて。君はもう何年か勤めたら昇進もするだろう。あと二十年すれば年金ももらえる」

私はまた頷いた。ボスは、ひとつひとつを確認するように続けた。「君は、この組織に入れたラッキーな二千人のうちの一人だ。大変な倍率を突破した。その運は一生に一度のものかもしれない」

正規職員になることの難しさ、そして二十五年勤めれば、一生涯もらえる年金は、辞めたい国連職員への常套殺し文句である。誰も彼もが、「年金もらうまでは」と我慢していることも知っている。すべて、わかっていた。

「アドバイスをありがとうございます。でも、もういいんです。よく考えたんです。また私のポストに別の誰かが入ってくればその人がハッピーになるし、それでいいと思ってます」

ボスは、ちょっと寂しそうな顔になった。しかし、彼はどこまでもセルビア人だ。ユーゴ紛争で友人と死別したり、自身が国外に逃亡したり、たくさんの別れを経験してきただけあって、それ以上は引き止めなかった。

半だった。

「じゃあ、〝Xデー〟（退職日）はいつにする？」

「四月末でお願いします」

というわけで、二ヶ月半後の春に退職することで合意した。勤め始めてから、ちょうど五年

ちょうどそのあと、部全体の会議があった。最後にミローシュが「何か業務連絡がある人？」と聞きながら、私のほうをチラッと見た。

「はい！」と私は元気に手を挙げた。「突然なのですが、私は四月に辞めることになりました」にぎやかでアットホームだった雰囲気が、急に凍りついた。誰にも相談していなかったので、同僚はショックを受けている様子だ。

「えええ……！」

誰かが、「ホワイ（どうして）？　次は、どこに行くの」と聞いた。

私は、正直に話した。

次の仕事は決まっていないので、日本に帰ることになる。何か具体的な予定があるわけではない。東京に戻って、しばらくは旅行に行ったり、文章を書いたりしてゆっくり人生を探していこうと思う。自分としては前に進むことになるので、見守ってほしい。

同僚たちは、次の言葉を探しているように見えた。こんな曖昧な理由で辞める人はあまりい

ない。ふつうは、転職するか、博士課程に入るか、家族の問題などのやむをえない事情があるはずなのに、私にはどれもなかった。だから、かける言葉の定型文もなかったのだろう。「とにかく、おめでとう！」とみんな口々に言った。仲よしのヘレナが、「ウィ・ウィル・ミス・ユウ（寂しくなるわ）」としみじみ言った。

逃げるように見えても、逃げではないことをわかって欲しかった。パリは大好きだったけど、そもそもパリに住むためにここに来たわけではない。仕事がなくなった今、いるべき場所はもはやパリではなかった。

数日後、私の退職を聞きつけたロホンからメールがあった。この頃彼は、すでに別の国際機関に転職して、パリを離れていた。

「君の勇気ある決断をリスペクトするよ。でも、予告しておく。きっと後悔する日が来るだろう。少なくとも僕はしてるよ！　あんなにいい仕事はめったにあるもんじゃないって今は理解してる。ただ、君はどうかなあ。何しろ君はとてもラッキーだから。グッドラック！」

私のバトンをお渡しします

退職が正式に決まると、次に「やっておいて」と言われたことは、自分自身の後任を探すことだった。

前にも書いた通り、正規職員のリクルートには最短でも数ヶ月、長いと一年以上を要する。その間、空席ポストの予算を使って、臨時スタッフを雇うことができる。「君の仕事を引き継げる人は君がいちばんわかる」というミローシュの理屈で、臨時スタッフを探すことになった。それまで、色々な職員の採用に関わってきたものの、自分の後任探しまで任されるとは。

集まった数十の履歴書から数人をピックアップした。

私とミローシュが待つ面接会場に最初に現れたのは、イタリア男の魅力全開の人だった。ばりっとしたスーツ姿で、厚い胸板に、濃いひげが男らしい。

「ええと、あなたはイタリア人ですね」

と私がなんとなく言うと、彼は「ノー、ノー、アイ・アム・シシリアン！（シシリア出身だ）わっはっは」と明るく笑った（なんのこっちゃ）。

その後、ボスがセルビア人であることを知ると、「すばらしい！」と叫んだ。彼はリサーチでバルカン半島に居た時期があるらしく、ベオグラードに詳しいようだ。一通りベオグラードのおいしいピザ屋について熱弁を振るう。ミローシュも、「ああ、あそこか！　でも、もっとうまいところがあるんだ！」と切り返し、話題はつきない。さらに話は親切な金物屋やら、街で出会った人々などに及ぶ。シシリアンは、壊れた蛇口のような話しぶりで、私はまったく口を挟めず、いつまでも本題に入れない。だめだ……オモシロい人だけど、マイペースすぎる！

「ええと、ありがとうございました」と言うと「結果がわかるのを楽しみにしている」と上機嫌で去っていった。

数人を面接した後、最終的にニューヨーク在住の溌剌とした女性に決めた。社会学の大学院生時代にインドでフィールド調査を経験していて、聡明そうだった。あまりに利発すぎるところで退屈しないだろうかという別の心配が発生するが、これぱっかりはしょうがない。


次は、ソルボンヌ大学である。ランザロティ先生からは、「パリを去ることがあれば、なんとか後任を探してほしい」と言われていたのだ。

私は、ヘレナに目をつけた。彼女とは、一緒にタイやバングラデシュに出張に行ったこともあり、信頼できる人だというのはわかっていた。ヘレナはすでにゲストスピーカーとして授業に来てくれたこともある。優しい性格ながらぴしっとしているから、この人になら安心して学生を任せられると思った。

「ヘレナ、今年からソルボンヌの先生になってみない？」

「まあ！　喜んで！　光栄だわ」

と彼女らしい優雅な返答で、話は一瞬で決まった。

お寿司を食べながら、すべての教材を彼女に引き渡し、授業の内容や組み立てを説明する。凛と学生の雰囲気に慣れてもらうため、その週から一緒に大学に行き、交代で授業を始めた。凛としたヘレナが加わったことにより、それまで、やれタバコが吸いたいだの、腹がへっただの、わがまま放題だった学生たちの間に、いい緊張感が生まれた。

二本目のバトンもこれで引き渡し完了だ。

ランザロティ先生もヘレナを気に入り、とても喜んでくれた。先生とは最後に、モンパルナス・タワーでお茶を飲んだ。その時彼は、ソルボンヌ大学のロゴと彼のサインが入った推薦状をくれた。中には、四年間私が確かに授業をし、大学に貢献したと書かれていた。

「この先の君の人生で役に立つ場面があれば使ってほしい」

もし再び就職したくなったら、ぜひ使わせてもらいますと答えた。一年に一度くらいしか会う機会がない人だったが、その気遣いが嬉しかった。そして、彼は最後に「今までありがとう」と小さな黒いお皿をプレゼントしてくれた。

「チリ北部に住む先住民族が作ったものだ。なんか君が好きそうな気がして」

まったく私好みの、完璧なプレゼントだった。

セーヌ川に浮かぶ船

「パリの日本人」の書籍原稿は、完成間近になって難航していた。

インタビューの最後の一人は、龍さんこと、窪田龍作さんというお花屋さんだった。彼には夏頃から話を聞き始めたのだが、彼がどういう人なのか、うまくつかめないでいた。

龍さんは、若い頃に一人でパリにやってきて、今や在住歴二十年というパリ生活の大ベテラン。七区のセーヴル・バビロンに自分の店を持ち、高級ホテルや一流レストランを顧客に抱えていた。そんな誰よりも成功しているように見える彼の話を聞こうと、取材を申し込んだ。しかし、最初からその青写真は狂いっぱなしだった。一流のフローリストである彼がパリに残る理由は「アフリカを身近に感じられるから」という理解し難いもの。哲学を愛すると同時にヘビメタが大好きで、さらに政治活動家としての一面を持っていたが、家族思いの人でもあった。生まれたばかりの娘さんをそれこそ溺愛していた。

そもそも彼は、あまり積極的に話をするほうではなく、さらにお店を移転させることになり、仕事に加え物件探しで多忙を極めていた。私は迷惑なほどにお店に通い詰め、自宅にも押しかけ、奥さんの清美さんも含め十回くらい話を聞いて、なんとか書き進めた。

しかし、時間が経ってから改めて読むと、原稿は常にピントがずれている気がした。数ヶ月も経つと、これはもう書き終わらないのかもしれないと思うようになってきた。これが終わらない限り、本も完成しない。どうしよう、と悩み続けていた。

そんなある時ヒントの糸のようなものが下りてきた。

あ、そうか！

私はそれまで彼を「パリで成功したフローリスト」として見ていたが、それをすべて忘れて、一人の人間として見てみようと思ったのだ。すると、それまでチグハグだった話が、いきいきと動き始めた。そこからはあっという間で、ついにすべての原稿が完成した。

パリのあちこちで聞いた十のストーリーが、自分の手元にあった。

恋いこがれてパリに来た人。

なんとなく流れてきた人。

パリが大嫌いになった人。

彼らの人生と、私の人生が紙の上で交差する。

パリを去る前に書き終えられてよかった。いや、私がパリを去る決意をしなかったら、永遠に書き終わらなかったのかもしれない。一方のI君は六月に始まる南アフリカW杯に行く準備を始めた。「南アフリカまでは、絶対に頑張る」という彼の決意が、もうすぐ実現しようとしていた。

＊

お天気のよい午後、写真家のシュンさんと、本の完成を祝って打ち上げをしようということになった。彼は、この本のためにポートレートの撮影をしてくれていて、今やすっかり本作りのパートナーとなっていた。

会うなり彼は、「ねえ、今日はセーヌ川の船に乗りませんか」と言い出した。観光客用の豪華な船ではなく、地下鉄定期券でも乗れる小さな市営ボートである。そんなものが存在していることも今日まで知らなかった。

街外れの川岸で待っていると、遠くから白い屋根付きボートがやってきた。中は空いていて、私たちの他には数人しか乗っていない。

「一ユーロちょっとで船に乗れるなんて贅沢だなあ」

「そうでしょう！　これは、けっこう穴場なんですよ〜。中心部までは行けないんですけどね」

シュンさん流の打ち上げの仕方だなあ、とじんとした。水面から見上げたパリは、まるで知らない街のように見えた。飛行機雲の下で、私たちは数枚の写真を撮り合った。私がシュンさんの写真を撮ったのは、これが初めてだ。

その後、しばらく散歩をした。ベルシー公園にたどり着き、芝生に座ってサンドイッチを食べ、美しいビオトープで遊ぶ子どもたちを眺めた。

夕方、「あ、そうだ！　釣具屋さんに行きたい」と言うので、ワインの倉庫街を利用したショッピングエリアのベルシー・ヴィラージュに行き、アウトドア用品店に寄った。そして、夕飯の時間が近づくと彼は「そろそろ息子を迎えにいかないと」とニコッと笑った。

「じゃあ、また！」

「うん、またね！」

いつもと同じようにサヨナラした。

この先、東京やパリで、シュンさんに会うことは何度もあるだろう。でも、もう同じではないんだと気づいた。こんな風に何時間もピクニックしたり、パリを探検したりはもうできない。いや、それだけじゃない。

スクワットに寄ってデタラメなパーティに参加することも。同僚たちとお寿司を食べることも。リュクサンブルグ公園を走ることも。

パリを引っ越すというのは、そういうことなんだ。

でも、しょうがない。私はもう充分パリを楽しんだ、そうでしょう、と自分に言い聞かせた。

家に帰ると一気に本の「あとがき」を書き上げ、東京の出版社に送った。

＊

いよいよ退職が近づいてくると、何か記念になるものを残したいと思うようになった。

ふつうならば仕事の結果を残そう、という発想になりそうなものだが、なぜか思いついたのは「映画」だった。それは、国連の暗部を暴く潜入ドキュメンタリー……というような壮大な構想ではなく、個性的な同僚たちがフル出演する娯楽映画である。

思い立ったが吉日である。まず、必要なのはビデオカメラだ、ということで総務部にいるフランス人職員、フィリップを訪ねた。彼は映像制作が趣味で、いいビデオカメラを持っていた。かつて有給休暇を利用してニューヨーク・シティマラソンにエントリーし、四時間近くもビデオカメラを右手に掲げて走り続け、ゴールまでニューヨークの景色をひたすら映し続けたこともあった（それを友人に配りまくって感想を求めるという困った趣味も持っていた）。

私は以前にも彼のビデオカメラを借りて、五分程度の風刺映画を作ったことがあった。それは二〇三〇年頃、地球の大気汚染の深刻化に対して「全ての人に息を止める権利を！」という国連決議の提案がなされ、某国の代表団がバケツの水の中に頭を突っ込んで見せる、というくだらない映画である。主演してくれたのは、漢字を偏愛するワトソンだった。フィリップはその出来栄えにいたく感激し、それ以来、私を「ディレクター！（監督）」とか「マエストロ！」とか呼ぶようになっていた。

彼の部屋を訪ね、退職を記念して映画を作りたいと話した。彼にはまだ退職話をしていなかったので、突然のことにビックリしていた。思えば私たちは、業務上関わったことは一度もなかったものの、不思議と気が合って、時々一緒に映画を見にいった。私は自分の仕事に煮詰まるとよく彼の部屋を訪ね、下手なフランス語で雑談したものだった。

彼は急にしんみりとしながら、「わかった、なんでも協力するよ。いい映画を作ってね」と、ビデオカメラをそっと差し出した。

「ねえ、せっかくだから、一緒に作らない？」と提案すると、「え、いいの？　もちろん！　マエストロ！　どんな映画？」と目を輝かせた。

私のアイディアはこうだ。

この国連組織のミッションは、「人類の心の中に平和を築くこと」である。しかし、国連で働くこと自体は、果たして職員の心の平和に貢献しているのか、という核心に迫ってみたい。とはいえ、マジメなドキュメンタリーではなく、あくまで娯楽として、笑える映画にしたい。ノリとしては、「ボウリング・フォー・コロンバイン」のマイケル・ムーア風の突撃インタビューがいい。

彼は「うーん」と眉をひそめた。

マラソン・ドキュメンタリーと比べれば、ちょっとばかり政治的な内容である。彼の今後の昇進や上司の心証に影響しないとも限らない。もともと彼は、誰かの悪口を言ったりできない優しい性格だ。だから、私がやろうとしていることのブラックな意図を読み取って、戸惑いが隠せないようだ。

「大丈夫、何もかも私のせいにしていいから！　迷惑はかけないよ。ね、お願い！」

私がなんの根拠もない約束をすると、彼は男気いっぱいに、「よし！　やろう、マエストロ！」と握手を求めてきた。ありがとう、フィリップ。

それから、三十分ほどあれやこれや真剣に話し合う。その結果、映画では国連職員たちに三つの質問を投げかけることに決まった。

第一の質問は、「ここ一週間で、幸せに感じた瞬間はなんですか？」

様々な答えが予想されるが、その中にどれくらい仕事内容や職場と関連した答えがあるかを探るという意図だ。

そして、二番目の質問はもっと直接的だ。「最近この仕事をしていて幸せに感じることがありましたか？　それは、どんな瞬間？」

国連が、果たして自分のお膝元の職員を幸せにしているのかどうかを探るという、興味深いパートである。

最後の質問は、「あなたにとってこの国連機関を、たった一言で表すとしたらなんですか？」というものだ。誘導尋問でもプロパガンダでもなく、あくまでも素朴な疑問として投げかけてみたかった。さっそく撮影開始である。

目標は少なくとも、三十人にインタビューすることだ。

スタンプラリー

ところで、この国連組織を辞めるには、「チェックアウト」という最後の大仕事があった。

それは退職する職員が手渡される一枚の書類に凝縮されている。左側に、十六ヶ所の部局の名前が並び、右側の空欄は担当者のサイン欄になっている。関連部局からサインやスタンプ（承認）を集めると、めでたく退職できる仕組みだ（国連全体の慣習ではなく、私が所属していたパリの組織だけのやり方らしい）。

ふつうの会社ならば、こういった手続きは事務方が粛々と進めるのだろうが、ここではすべて自分の足で承認を受けて回らないといけない。チェック項目には、国連職員用バッジや国連パスポートの返却、食堂にツケがあれば返却、車庫の返却、借りていた美術・装飾品の返却なんてのもある（そんな優雅なサービスがあるのも知らなかった）。

これがけっこう面倒なのだ。何しろ担当者がすべてバラバラで、さらにスタンプを持っているスタッフは決まっている。しかし、例によって例のごとく、彼らが何時にランチやミーティング、または語学教室に行き、何時に戻ってくるのかまったくわからない。病欠や長い休暇に入っているかもしれない。だから、退職の二週間くらい前から網を張っていないと怖い。しかし、その担当職員の電話番号やメールアドレスは書類には書かれていないので、とにかく一度は足を運ぶしかない。館内は広いので、訪ねるだけで十分くらいかかる部屋もある。コンプリートにはけっこうな労力を要することから、日本人スタッフには〝スタンプラリー〟とも呼ばれていた。

仕事が一段落すると、書類を手にちょこまかと館内を巡回する。ドアをノックして返答がないと、周囲の部屋をノックして回り、「308号室の人はいつ戻るんですか」などと調査を行う。たいていは「さあ……」「今日は見てないわね」「コーヒーでも飲んでるんじゃない」などという、漠とした答えが返ってくる。

退職関係の書類を眺めていると、人事課に返却する物のリストにタバコカードが入っているのが目につく。ああ、あのピンクのカードか～。そういえば、もう何年も目撃していない。だいたいあんな小さなカードを何年も保管するっていうことに無理があるんだよ、と文句を言いながら引き出しをひっくり返したが見つからない。そういえば、タバコを吸う人に貸したような気もする。

私はすぐに人事課の担当者に謝罪にいった。彼女は、「しょうがないわねえ」とため息をつきながら、「特別よ」と許してくれた。お慈悲をありがとうございます！

スタンプラリーで巡るべき人物の一人は、年金の担当者だった。スタンプをもらおうと書類を差し出すと、「年金をどういう風に受け取りますか？」と聞かれて、はっとした。

そうか、たった五年半しか働いてなくてもちょっとは年金を受け取れるのか。

やっほー！

改めて聞いてみると、すぐにガッカリした。

私がもらえる金額はどうやら非常に少額のようだ。

「六年が一区切りで、君はあと半年働けばだいぶ増やすことができたんだけどねえ」

と担当者は言う。ちなみに、金額が低いのは、私の働いた年数が短く、グレードも低いのでなるはずだ。しかし、六年がひとつの区切りというのはまったく知らなかった。くそう、後の祭りである。

積み立てた元本が少ないからだ。これが二十五年以上もいいポジションで働けばかなりの額に
「今まで積み立てた額を一括でもらうというオプションもありますよ」

と担当者は説明した。

「え、そうなんですか？　いくらです？」

と前のめりになって聞くと、積み立て額は二万五千ドルぴったり。

二十数年後にちょっとずつ永遠にもらえるお金と、目の前のまとまったお金。どちらを選ぶのが賢いのか。

えっとー？

見当もつかなかった私は、一度オフィスに戻り、頭脳明晰なワトソンに相談した。

彼は、エクセルをパッと開いた。

「日本の銀行の金利はいくら？　えっ、低いなあ！　ちょっと待って、色んなパターンで複利計算するから。国債に投資するってどう？　それともニュージーランドかオーストラリアの銀

行に預けられる？」

などと言いながら、三分ほどで計算を終えた。

「もちろん君が何歳まで生きるかにもよる。そして、君がちゃんと投資をできることが前提だけど、僕の意見では二万五千ドルを元手に投資をしたほうが得だ」

と数字を見せながら解説してくれた。私は、投資とは無縁だったが「そうするよ！」と言い、すぐに全額を口座に振り込む手続きを取った。

ちなみに、退職金はどのようなものなのか、と気になる人も多いだろう。

決して多くはないが、一応「セパーレーショングラント（離職手当）」という名の手当をもらえる。これも勤続年数次第なのだが、私の場合は給料の一・五ヶ月分に相当する額だった。その他にも、帰国時の飛行機代（家族全員分）と国際引っ越し料金（航空便と船便）も予算から出してくれる。辞めていく職員なのに、手厚いケアでありがたいことである。

しかし、引っ越しに関する手続きが、これまた慎重さを要するパートだ。というのも、引っ越し業者の承認担当のミセス・Gが、やたらと気まぐれなのだ。機嫌がよければ、すいすい手続きは進むが、機嫌を損ねると電話も取ってくれないし、メールへの返信もくれなくなるらしい。業者の承認に関してはこのミセス・Gだけが全面的な裁量権を有するので、ミスは許されない。彼女の機嫌を損ねたばかりに、祖国から送った荷物が何ヶ月も届かないことや、退職した後も荷物を移動させられず、いつまでもこの国から出られない状況になることさえありうるらしい。そんなの困る！

かつてミセス・Gとやり取りをしたことがある同僚が、「とにかく低姿勢に出るんだ。彼女がどんなに理不尽でも、とにかく低姿勢に。強い態度に出て怒らせたら、もう終わりだ。ちなみに彼女は電話が嫌いだから、直接訪ねるといい」とアドバイスをくれた。

私が、心の準備を整えて、ドアをノックすると、「カム・イン」と低い声が聞こえた。ドアを開けると、部屋には巨大なボリュームで曲が鳴り響いていた。


神よ〜、神〜

いつくしみ深き神よ〜


どうやら彼女は熱心なキリスト教信者らしい。

「ナイスミュージック！　こういう音楽って心が洗われますね！」

と私が言うと、彼女は真っ黒の縮れた髪を揺らしながら、不機嫌そうに顔を上げた。ダメだ、怖い。もしかして慇懃無礼に聞こえたのだろうか。事前の調べで、彼女がコンゴ出身だというのは知っていたので、私はコンゴに関する少ない知識をフル稼働した。

「コンゴにはマウンテンゴリラがまだたくさんいるそうですね！　コンゴの森って、素晴らしいそうですね。湖があって未知の動物がいるとか、本で読みました」

それが功を奏したのか、「そうよ、コンゴはいいところなのよ」と彼女はゆっくりと言い、「ところで、何かしら？　引っ越しの手続きなら、まずは書類を見せてちょうだい」と手を伸ばした。しばらく眺めると、

「あなた、この書類の書き方じゃダメよ。まったく誰もちゃんと書き方を理解してないわ」とぶつぶつ言いながらも、手続きを進めてくれた。

しかし、その後、私は決定的なミスをしてしまったことに気がついた。船便の体積の計算方法に間違いがあり（だいたい家財道具を体積で表現するなんて難しすぎる）、そのせいでまた一から業者に見積もりを取り直す必要が生じたのだ。金額が変わったので予算承認をやり直さないといけないと知ったミセスGは、あやうく鉄のカーテンをゴゴゴと閉めかけた。わわ、このままでは退職後もミセス・Gのオフィスに日参するというマヌケなことになってしまう。それだけは、嫌だ！　とにかく日々、「ごめんなさい、もう一回だけお願いします！　二度とミスはいたしません」とお願いを続け、やっと退職の数日前に承認が下りて、ほっと肩をなで下ろした。

映画館で上映を

映画の撮影は着実に進んでいた。私とフィリップは、毎日のようにランチタイムや退社時間

に食堂や廊下、裏門（正門はさすがにはばかられる）に出没し、知り合いに出くわすたびに、「ねえ、私もう辞めるんだ！　記念にあなたのことを映像に収めたいから、一言しゃべってくれる？」と頼む。もちろん誰も嫌な顔はしない。そこですかさず、「じゃあ、一問目！　最近、幸せに感じた瞬間って？」という奇襲作戦を展開。

人間というのは、突然ファインダーを向けられ、考える暇を与えられず質問を投げかけられると、正直に反応してしまうものらしい。

「えっと、昨日作ったおいしい夕飯！」

「いちばん下の子が、朝起きたときにバアバアと何かをしゃべったこと！」

「先週、すごくいい中国語の教科書を買った！」

当たり障りのない質問で安心させたところで、もっと直接的な質問へゴー！

「最近、職場で幸せに思うことってあった？」

ある程度は予想していたが、衝撃的な結果になった。ほとんど全員が、「Oh……」「Well（えっと）……」などと数秒間口ごもった後に、私が「正直にどうぞ！」と声をかけると、「ぜんぜん！」「思い浮かばない！」「ノー！」「憤慨させられることはあっても、幸せにしてくれることなんかない」と言いきったのである。

こりゃ、大変なことになってしまった。

四十人ほどのコメントを集めた頃、ひとつの野望がむくむくと頭をもたげ始めた。この映画を、この建物内部で上映するということだ。実はここの地下一階には、百名ほどを収容できる映画室がある。大きなスクリーンに赤いベルベットの緞帳がかかった本格的なシアターで、たまに人権や環境をテーマにした映画が上映されていた。

あそこで、この映画を流したらオモシロくない？

しばし想像を巡らせる。

白い目で見られるだろうか。それとも、怒られる？　肩身が狭くなるかもしれない？　アホなヤツだと呆れられる？

ノー・プロブレム。だってもう退職するんだもの。

フィリップも「こうなったら、君がやりたいことをすべてやろう！」と応援してくれた。私は、すぐに職員用の電話帳で映画室の担当者を調べ、アポを入れる。

現れたのは、ヒゲモジャの大柄なフランス人男性だった。映画室のゴールキーパー的存在なわけなので、簡単には貸してくれなさそうだ。私は、神妙に切り出した。

「退職記念に、同僚からのビデオメッセージを集めた映像を作っているんです。みんなで見たいので、もし可能でしたら三十分ほど映画室をお借りできないでしょうか？」

決して嘘ではない。彼は、数秒考え込んだが、「なるほど、退職記念ですか。空いている時間帯だったら、三十分だけいいですよ。特別にね。いつがいいの？」

と優しく言った。やっほう、と飛び上がりそうな自分を抑え、さりげなく退職当日の夕方五時半を予約した。

それを聞くと、フィリップは「おー！」と気合を入れ直し、音楽やキャプションにも凝り始めた。私はあくまでも楽しくノリがいいムービーにしたかったので、前半はクイーンの「ドント・ストップ・ミー・ナウ」をBGMに流し、みんなの答えをポン、ポンと出すように指示した。今夜は心底楽しむつもりだ、生きてるって感じるんだ、と始まるあの名曲である。

彼が深夜まで自宅で編集作業をして、翌日私がそれをチェック、そして彼に修正指示を出すというハードな毎日が続いた。そして、ついに退職前日に映画は完成。「One Happy Day（ある幸せの一日）」と名づけられた。

フランス理不尽ライフ、最終章

退職の前日、なんとなく銀行の取引記録を見て愕然とした。なんじゃ、こりゃ？アパートの家賃が来月分も大家さんに振り込まれてしまっているではないか。ちゃんと自動引き落とし停止手続きをずっと前にしていたにもかかわらずである。

私はあちゃーと頭を抱えた後、銀行にすっ飛んでいった。

「おお、アリオ〜」と道中でばったり別の部署の南アフリカ人の同僚、ベンジャミンと会った。彼はとにかくお祭り野郎で、面白いことに目がなかった。事情を話すと、「面白そうだから、俺も一緒に行こう」となぜか彼も銀行に来ることになった。

私は懸命に振り込みをキャンセルしてくれと頼む。

銀行の行員は「今調べますね……」とパソコンを操作した。

「ウ・ラ・ラ！　システムに問題が起こったみたいね」と驚いた顔。

「問題って、なんとかしてくださいよ！　私はちゃんと手続きしたんですから」

「あなたが悪くないのはわかっているわ。でも、問題はシステムだったのねえ。残念だけど、私ができることはなにもないわ。だって、もうお金はあっちの口座にあるから（きっぱり）」

「ひ、ひどい！　ひどすぎる！　銀行間でなんとか送金をキャンセルする手立てがないんですか？」

「ないわ！（きっぱり）大家さんに交渉して返してもらうしかないわね」

ベンジャミンは大爆笑である。

こんなアホなことが本当にあっていいのだろうか。まったく銀行には、最初から最後まで油断できない。実は、大家さんとは、すでに敷金をめぐって一悶着あったばかりだった。彼が一度アパートの現状を見にきた時に、「この状態では二ヶ月分の敷金は返せないな。ずいぶん内装工事をしないといけない」と意地悪なことを言われたばかりだったのだ。内装工事といっても、せいぜいペンキを塗り替えるくらいなはずなのに、まったく理不尽である。このうえ、さらに一ヶ月分の家賃まで返してもらう交渉が加わったのかと思うと、頭がクラクラした。

「まったくもう、これだからフランスは！」

と憤慨していると、ベンジャミンは大笑いしながらマジメにこう言った。

「じゃあ、フランス式に行こうじゃないか。今君に必要なのはワインだ」

というわけで、私たちはカフェでワインを何杯もガブ飲みした。

不思議の国の魔法はとけて

ついに「その日」はやってきた。

最後の勤務日、私はスタンプラリーのコンプリートに向けて急いでいた。フランスの滞在許可書や入館証を返却し、人事課が準備した離職関係の書類にサイン。そして、お世話になった同僚への挨拶回り。

その隙をぬって映画に出演してくれた全員にあてて、一通のメールを流した。

——今日の五時半に地下の映画室に集合。例の〝モノ〟を上映します。時間厳守——

招待したのは映画に出てくれた人だけだ。多くの人に見てもらいたい気持ちもあったが、中にはコメディとはとらえない人もいるかもしれない。友人たちの今後のキャリアを考えると、限定公開にすべきだということでフィリップと私の意見は一致した。それでも、この映画が国連内部で上映されるというアイディアだけで、充分に愉快だった。
時間になると、どうやって仕事の折り合いをつけたのか、そもそも暇なのか、ほとんど全員がワラワラと集まってきた。へんてこな試みに興味津々のようだ。
同僚たちに職場で会うのもこれで最後だ、という感傷もそこそこに、照明が落とされる。操作してくれているのは、ひげもじゃの担当者である。
赤い緞帳がシュルシュルと厳かに開き、映画が始まった。
映画は、有志の職員が「ウイ・アー・ザ・ワールド」を合唱している場面から始まる。
僕らは世界の仲間、僕らは世界の子どもたち、と歌う合唱がフェードアウトすると、正門の前に立つ私が映る。そして第一の質問の「ここ一週間の幸せの瞬間」が始まった。
「昨日作ったご飯」(日本人女性)
「故郷の家族と電話で話した時ね」(ジャマイカ人)
「最近、車を買ったのよ」(中国人)
「旦那さんと一緒にいる時！　結婚したばっかりだもの」(インド人)
それぞれの日常における幸せのカタチに、「へえ！」「ふうん！」という感嘆の声が上がった。

そこで、フィリップのナレーションの声が入る。

「残念ながら、誰も職場について話してくれる人がいませんでした。だから私たちは、質問を変えることにしました。第二問です」

次は、「最近仕事で幸せに感じた瞬間」という質問だ。一転して映画は静かになる。

「うーん」「なんだっけ」「ちょっと待って」と考え込む人々が時計の秒針の効果音とともに映し出される。

チクタク、チクタク。

チクタク、チクタク。

チクタク、チクタク。

そして、ついに「ここに幸せなんかない！」「思い出せない！」「質問を変えて！」と言いきる同僚たちに、観客の一部は大爆笑し、一部は完全に絶句していた。

うん、うん。これも予想通り。

第三の質問は、いよいよ映画のハイライトである。繰り返しになるが、「あなたにとってこの国連機関を一言で表すとしたらなんですか？」という質問だ。

ジャスティンは「複雑！」。

ベンジャミンは、「二つあるんだけど、ひとつはインターナショナル。もうひとつはカオス！」。

いつも周囲に気を使うエリーは、ニュートラルに「多様性」。

かつてアイルランドの軍隊にいたという筋肉隆々の女性は、「奉仕の精神」。

日本人のMさんは、「寛容さが試される場所」。

インターンのTは、「〝逆さま〟！　学校で今まで習ったことがひっくり返ったわ」。

観客からは、笑いが漏れる。どれも頷ける答えばかりだ。

印象的だったのは、三人が少し遠い目をして、「ドリーム」と答えたことだった。そこには、まだ見ぬオアシスといった響きがあった。

そこで、再び画面が切り替わり、同室のエリカが画面に現れた。

「一言で表すならプレゼント」

インタビューする私の声が、「どうして？」と聞き返す。

「美しい包装紙にくるまれていて、開けるのがとても楽しみなの。でも、開けると……そこには何もなくて空っぽなの！」

最後の一人は、インド系アメリカ人の女の子。彼女はパッチリとした大きな目で、カメラをじっと見つめている。

「一言で言うなら、マッドハウス（Madhouse＝狂気の家）ね。才能ある頭のいい人がいっぱいいるけど、狂気にあふれてるの。どうしてこうなったのか、理由はわからない。ただ言えることは、ここで経験したことを話しても、誰も信じてくれないのよ！」

観客は、もう誰も笑っていなかった。しーんとしていて、無言だった。

そこで、エレキギターとドラムのビートがきいたエンドロールが流れ始める。曲はＡＣ／ＤＣの IT'S A LONG WAY TO THE TOP（If You Wanna Rock 'n' Roll）である。

高速道路をぶっ飛ばしてる
ショーに向かっているんだ
脇道にそれて、小さい街に寄って
ロックンロールを演奏するんだ

はめられて
石投げられて
ぶんなぐられて
骨折って
だまされて
めちゃくちゃで
まったく最悪だぜ

おまえら、教えてやるよ
外から見るより、ずっと大変なんだよ
ロックしたいんだろう、頂上への道のりは長いぜ！
ロックしたいんだろう、頂上への道のりは長いぜ！
（詞、曲：Ronald Belford Scott, Angus McKinnon& Malcolm Mitchell Young　訳：川内有緒）

国連のミッションは偉大で、崇高だ。果たすべき役割はたくさんある。世界は国連を必要としている。それは、間違いない。

耳には、あの「ドリーム」という言葉がこだましていた。

ドリーム、ドリーム、ドリーム……。

その通りだ。ここには、夢が詰まっている。平和な世界という人類の壮大な「夢」。差別のない職場という理想も。そして、多くの人が一度は働いてみたいと夢見る気持ちも。

みんなのドリームを載せた国連という船が目的地にたどり着くのは、いつのことなのだろう。間違いなく、そこには長い道のりが待っているだろう。今日も世界では戦争が勃発している。ますます国連の予算は少なくなる。石油資源は取り合いなのに、リサイクルだって始まったばかりだ。構造改革は今日も進まず、職員の心の平和はどこへやら。

外から見るより、ずっと大変だよ
ロックしたいんだろう、頂上への道のりは長いぜ！
ロックしたいんだろう、頂上への道のりは長いぜ！

映画が終わると、腕時計は六時を指していた。ということは、もう私は国連職員ではない。友人たちは、「興味深かった」と言いながら、困惑しているように見えた。ただ用意してきた30枚ほどのＤＶＤは飛ぶようになくなったので、少しは喜んでくれたのかもしれない。そして誰かが「飲もう！」と言い、十人くらいの友人とバーに繰り出して、深夜まで飲み続けた。赤ワインをがぶ飲みしすぎて、最後はフラフラになって家路についた。

酔いが回ると、六年近いパリ生活の思い出が走馬灯のように、よみがえった……りはしなかった。

ただ、不思議の国の魔法がとけた。

福利厚生も年金も、もうもらえない。特権のタバコカードも、手元にない。

そんな人生に、私は小さく乾杯した。

そして、サヨウナラ

いよいよ引っ越しが近づくと、友人たちがいらなくなった家電製品や家具を引き取りにきた。炊飯器は日本食好きのワトソンへ。ソファベッドは来客が多いKさんへ。ステレオはインターンのリチャードへ。

ひとつひとつ、家から物が消えていく。

引っ越し屋さんがやってきて、リズミカルに荷物を段ボールに詰めていく。ひとつだけ「慎重に梱包してほしい」と頼んだものがあった。それは、エッツによる一メートル以上もある油絵だ。描かれているのは、このサン・ジェルマン・デ・プレの部屋の夜。二人でよくお酒を飲んだこの部屋を、独特のタッチで描いてくれていた。絵の中では、私とおぼしき人物が夜の光に照らされながらパンツ一枚の姿でくつろいでいる（実際には、パンツ姿で過ごしていたという事実はないんだけど）。

引っ越し屋さんが怒濤のように荷物を運び去ると、急に静かになった。私は最後に残されたカーペットをぐるりと丸め、ゴミ捨て場に持っていった。

もう床の上には古いスーツケースがあるだけだ。

広くなった部屋に念入りに掃除機をかけ、床をせっせと磨いた。引っ越してきた日と同じように、飴色の床が光を放つ。春の日差しがさんさんと差し込む穏やかな日だった。開け放した窓からは何本もの飛行機雲が見えた。

パリにはどうしてこんなに飛行機雲が多いのだろう――。何年も住んでいたのに、そんなことも知らなかった。

四年間暮らした小さな部屋。カフェが見える窓辺。浴室から見えた大きな空。今日で最後だ。

遠くから教会の鐘の音が聞こえる。

感傷的な気分がやってきそうだったので、ぐっと押し戻した。

その時、ピンポンと呼び鈴が鳴った。

健ちゃんと美希ちゃんが、掃除機を引き取りにきたのだ。二人は、独立の一歩を踏み出そうと新居に引っ越したばかりだった。

――誰も彼もが動いている。パリを去る人、残る人、やってくる人。この部屋でも、また新たな誰かが生活を始めるのだ。

掃除機のコンセントを抜いて、玄関口に出た。

ねえ、カフェでお茶を飲もうよ、と私が言うと、「いいねえ、そうしよう」と二人が笑顔で言った。

後ろ手にドアをパタンと閉めて、鍵をかける。そして、螺旋階段を降りていった。

初出　季刊「レポ」創刊号、二号
単行本化にあたり、大幅に加筆、修正しました。

パリの国連で夢を食う。

二〇一四年九月一五日　第一刷発行
二〇一五年六月二八日　第三刷発行

著者　川内有緒《かわうちありお》
ブックデザイン　鈴木成一デザイン室
装画　森 学
写真　川内有緒
発行人　堅田浩二
本文DTP　松井和彌
編集　河井好見
発行所　株式会社イースト・プレス
〒一〇一-〇〇五一　東京都千代田区神田神保町二-四-七　久月神田ビル八階
電話〇三-五二一三-四七〇〇　ファクス〇三-五二一三-四七〇一
http://www.eastpress.co.jp/
印刷所　中央精版印刷株式会社
JASRAC 出 1410030-401
 ISBN 978-4-7816-1243-0 C0095
定価はカバーに表示してあります。